新军迷系列丛书

别告诉我你懂枪械

《深度文化》编委会　编著

U0299264

清华大学出版社

北京

内 容 简 介

　　本书共分为 4 章，第 1 章对枪械的历史、分类、特点、作用、未来趋势等基础问题进行了解答。第 2 章对与枪械构造相关的问题进行了解答。第 3 章解答了与枪械性能相关的问题。第 4 章则解答了与枪械使用相关的问题。为了帮助读者理解复杂的科普知识并增强图书的趣味性和观赏性，书中配有大量示意图、鉴赏图以及生动有趣的小知识。

　　本书内容丰富，结构严谨，分析讲解透彻，适合广大军事爱好者和中小学生作为科普读物。同时，本书也适用于枪械研究人员、历史学者、媒体工作者、模型制作爱好者等专业读者作为参考书籍。此外，本书可作为军事院校相关专业的教学参考用书，并且也可以作为少年儿童的军事启蒙读物。

图书在版编目 (CIP) 数据

　　别告诉我你懂枪械 /《深度文化》编委会编著 .

北京 : 清华大学出版社，2024. 8（2025. 1重印）. --(新军迷系列丛书). --ISBN 978-7-302-66592-2

　　Ⅰ .E922.1-64

　　中国国家版本馆 CIP 数据核字第 2024XN5354 号

责任编辑：李玉萍
封面设计：王晓武
责任校对：张彦彬
责任印制：刘　菲

出版发行：清华大学出版社
　　　　网　　址：https://www.tup.com.cn，https://www.wqxuetang.com
　　　　地　　址：北京清华大学学研大厦 A 座　　邮　　编：100084
　　　　社 总 机：010-83470000　　　　　　　邮　　购：010-62786544
　　　　投稿与读者服务：010-62776969，c-service@tup.tsinghua.edu.cn
　　　　质 量 反 馈：010-62772015，zhiliang@tup.tsinghua.edu.cn
印 装 者：小森印刷（北京）有限公司
经　　销：全国新华书店
开　　本：146mm×210mm　　　印　　张：7　　字　　数：269 千字
版　　次：2024 年 8 月第 1 版　　印　　次：2025 年 1 月第 2 次印刷
定　　价：49.80 元

产品编号：098062-01

前 言

　　枪械是指能够发射弹丸、口径小于 20 毫米的身管射击武器。这种武器以发射枪弹、打击无防护或弱防护的有生目标为主，是步兵的主要武器，也是其他兵种的辅助武器。在民间还被广泛用于治安警卫、狩猎、体育比赛。

　　枪械的发展速度时快时慢，有时变革迟缓，有时飞速前进。19 世纪末和 20 世纪初，自动武器出现，枪械的发展步入黄金时代。一战后直到 20 世纪 50 年代，枪械的发展速度较为缓慢。从 20 世纪 60 年代开始，枪械又进入一个大发展时期。

　　现代战争中，重武器扮演了主角，以枪械为主的轻武器已经无法发挥决定性作用。在 21 世纪以来的几场局部战争中，作战双方都在比拼主战坦克、战斗机、火炮、地对地导弹等重武器的质量和数量，这些重武器能够对战局产生重大影响。很多时候士兵连发射子弹的机会都没有，战斗就已经结束。那么，枪械是不是很快就要被淘汰呢？其实不然，绝大多数战争都会有地面作战，此时必须配备一些足够优秀的轻武器。在一些深入敌后的特种作战中，枪械也是最佳的武器。

　　本书采用问答的形式对枪械的相关知识进行了讲解，书中精心收录了读者广为关注的近百个热门问题，涵盖了发展历史、主要分类、整体构造、战术附件、配用弹药、实战性能、使用技巧等多个方面，对每个问题都进行了专业、准确和细致的解答。

本书是真正面向军事武器爱好者的基础图书，特别适合作为广大科普爱好者的参考资料和青少年朋友的入门读物。全书由资深科普团队编写，力求内容的全面性、趣味性和观赏性。希望读者朋友能够通过阅读本书，循序渐进地提高自己的科学素养。

　　本书由《深度文化》编委会创作，参与本书编写的人员有阳晓瑜、陈利华、高丽秋、龚川、何海涛、贺强、胡姝婷、黄启华、黎安芝、黎琪、黎绍文、卢刚、罗于华等。由于科普知识的复杂性，本书内容难免存在疏漏之处，欢迎广大读者提出批评和建议。

编者

目 录

Part 01

理 论 篇

　　枪械主要用于发射子弹，杀伤有生目标，毁伤轻装甲目标，是步兵的主要武器，也是其他兵种的辅助武器。

枪械"枪族化"有什么特点

21世纪许多突击步枪注重以"枪族化"形式存在，即将一种基础步枪变形为卡宾枪、轻机枪/班组支援武器，甚至变形为高精度步枪。

枪族化的枪械在大规模地面战斗中的优势十分突出，采用统一口径、通用零部件的班组武器，不仅可以极大地降低研发难度，而且还给武器和弹药的批量生产带来了便利。

持突击步枪的战士在弹药耗尽后，还能使用班用机枪的弹药。这无疑增强了各兵种之间协同作战的火力持续能力。不仅如此，因为大部分结构是相同的，当枪械发生故障的时候，也可以使用同枪族武器的零部件进行更换。战场上也同样如此，在战后和战前的日常维护中，枪族化武器也让后勤工作减轻了不少压力，只需要提供相同的零部件就可以维修一整套班组武器。

M16枪族部分枪型对比（由上至下分别是M16A1、M16A2、M4A1卡宾枪、M16A4）

值得一提的是，枪族化理念的应用不仅体现为枪械之间的可替换性，同样也体现为兵种之间的可替换性，由于结构类似甚至相同，经过步枪射击训练的士兵也能够在短时间内迅速掌握其他班组武器的使用方法。

　　但枪族化理念也并非毫无缺陷，正是由于采用了与步枪统一的口径和结构，使除步枪外的其他班组武器，势必在性能上会弱于其他专门研发武器，采用步枪弹药和自动化结构的狙击步枪，自然无法与使用特制狙击弹的狙击枪相媲美。而班用机枪也会暴露出射程较近、火力不足的缺点。

　　总而言之，枪族化是世界上大多数国家的共识。在应对大规模战争时，班组武器弹药通用、部件通用的一方无疑会占据战场的优势地位。

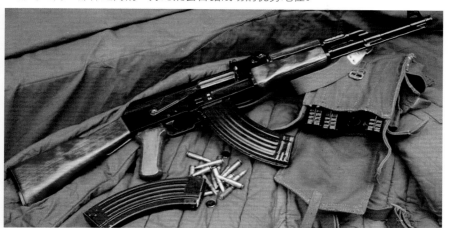

AK 枪族典型代表——AK-47 突击步枪

同属 AK 枪族的 AK-74 突击步枪

现代手枪主要分为哪些类型

手枪是一种单手握持瞄准射击或本能射击的短枪管武器，通常为指挥员和特种兵随身携带，用于 50 米内近程自卫和袭击敌人。现代手枪主要有左轮手枪、自动手枪、全自动手枪三种类型。

左轮手枪是一种个人使用的多发装填非自动枪械。其主要特征是枪上装有一个转鼓式弹仓，内有 5~7 个弹巢（大多为 6 个），枪弹装在巢中，转动转轮，枪弹可逐发对准枪管。由于常见的转轮手枪在装弹时转轮由左摆出，因而又称左轮手枪。因其射速较低、装弹较慢、容弹量较少，所以第二次世界大战之后，它在军队中的地位被自动手枪所取代。但由于左轮手枪对瞎火弹的处理十分简便，性能可靠，因此许多国家的警察和个人仍很喜欢使用它。1981 年美国总统里根遇刺时，刺客欣克利使用的就是左轮手枪。目前，威力最强的左轮手枪是史密斯·韦森公司生产的 M500 转轮狩猎手枪，它所发射的子弹的动能是大名鼎鼎的 50 口径"沙漠之鹰"的 2 倍。

美国史密斯·韦森 M64 左轮手枪

自动手枪又被称为自动装填手枪或半自动手枪，指可以自动装填、单发射击，用弹匣供弹，有空仓挂机装置的手枪。该类枪部分型号可以全自动射击，弹匣可携带 6~12 发子弹，部分型号甚至可装 20 发子弹，利用火药燃气能量实现自动装填。自动手枪出现于 19 世纪末，由于其具有装弹快、容弹多、射速快、威力大等特点，世界各国很快都开始以此取代左轮手枪。它是现代军、警、民通用的主流手枪。

　　全自动手枪又称作冲锋手枪，其用途类似冲锋枪，可全自动发射。此外，还可使用肩托（木盒式或金属托折叠式）射击。在半自动射击时，有效射程可达 100 米。毛瑟手枪是一种典型的冲锋手枪，又被称作驳壳枪、盒子枪、盒子炮、自来得手枪等。虽然冲锋手枪重量轻、外廓尺寸小，但在数十米内能发挥相当大的火力威力，因此弥补了手枪的许多缺点。然而，由于其尺寸大小始终是一个最难攻克的难点，因而冲锋手枪很少使用，一般情况下，军队还是用自动手枪作为辅助武器。

美国 M1911 半自动手枪

俄罗斯 APS 全自动手枪

军队制式手枪大多是半自动手枪的原因是什么

半自动手枪又称自动装填手枪，是指可自动装填、半自动发射的手枪，有时候也被称为自动手枪。其区别于全自动手枪，射手扣动一次扳机，只能发射一发枪弹，它通过火药气体带动枪机，推动套筒后退，完成抛壳和上膛两个动作。即使按压扳机的时间长一点，也不会打出第二发子弹。半自动手枪通常使用可拆式弹匣供弹，有空仓挂机装置，弹匣可携带6～15发子弹，部分型号的手枪甚至可装填20发子弹。

HK P8 半自动手枪

格洛克 17 半自动手枪

目前，世界各国军队装备的制式手枪几乎都是半自动手枪。例如，美国军队的制式手枪是 M9 半自动手枪，德国军队的制式手枪是 HK P8 半自动手枪，奥地利军队的制式手枪是格洛克 17 半自动手枪。究其原因，其实是世界各国军队经过长期实战检验后的必然选择。

1892 年，奥地利率先研制出 8 毫米口径的舍恩伯格手枪，这是世界公认的第一把自动装填手枪。但是，早期的半自动手枪大多使用固定式弹仓或类似于左轮手枪的弹巢供弹，因此没有太大的优势。1898 年，奥地利枪械设计师葛雷格·鲁格（Georg Luger）改良了他和雨果·博查特（Hugo Borchardt）合作设计的 C93 半自动手枪的可拆式弹匣，其不再使用早期自动手枪那样的平衡装置，改良后的手枪被命名为鲁格 P08 手枪，并被德国军队选为制式手枪。鲁格 P08 手枪是半自动手枪发展史上的一个重要里程碑，对后来的半自动手枪设计产生了一定的影响。不久之后，美国枪械设计师约翰·勃朗宁（John Browning）设计了采用套筒上膛机制的 M1900 半自动手枪，这种机制提高了装填速度并简化了操作过程。

奥地利枪械设计师葛雷格·鲁格

德国枪械设计师雨果·博查特

美国枪械设计师约翰·勃朗宁

M9 半自动手枪

一战爆发后，半自动手枪被多个参战国使用，因为半自动手枪在弹匣容量和射速方面远远超过左轮手枪，而且可拆式弹匣的设计能够很好地保护子弹。二战前夕，德国军队装备了具有双动扳机的瓦尔特 P38 半自动手枪，解决了鲁格 P08 手枪容易走火的问题。而约翰·勃朗宁也发明了双排式弹匣和更有效的闭锁机构，他所设计的勃朗宁大威力自动手枪也因此成为世界上应用最广泛的手枪之一，因其精度良好、容弹量较大，所以至今仍在现代手枪领域中占有重要地位。

鲁格 P08 手枪

二战时期，手枪本身进步不大，冲锋枪成为近战的主力武器，为了可以弹药通用，大部分国家以半自动手枪作为制式装备。二战后，以美国为首的北约组织和以苏联为首的华约组织开始了长达半个世纪的冷战，两大军事联盟在制式手枪方面都趋向于统一口径，如北约国家大多使用 0.45 英寸柯尔特自动手枪弹和 9 毫米鲁格手枪弹，华约国家大多使用 7.62 毫米托卡列夫和 9 毫米马卡罗夫手枪弹，这也促使半自动手枪被更多国家确定为制式手枪。

瓦尔特 P38 手枪

与其他手枪相比，半自动手枪的射击频率和节奏更容易让士兵分辨手枪的余弹数量，使士兵在与敌人紧张的近距离交锋中仍然能把握住自己的状态，从而可以避免士兵因在手枪弹药耗尽时浑然不觉而被敌人趁机击杀。在训练时，半自动手枪也可以帮助教官更直观地分辨枪支的状态。而且半自动手枪由于击发结构咬合得更加紧密，因此大大提升了手枪的精准度和稳定性。并且由于弹道比较稳定，所以半自动手枪的威力相对更大。此外，半自动手枪的造价一般较低，因此可以大规模生产，并大量装备部队。

相较而言，全自动手枪不仅型号非常少，而且价格昂贵，其重量并不比冲锋枪轻多少，战斗性能也赶不上标准的冲锋枪。因此，全自动手枪主要用于特种作战和突击作战，极少作为常规部队的自卫武器。一般来说，全自动手枪在射速和火力强度方面具有优势，但是精度和射程方面不如半自动手枪，所以更适合作为特种部队和特警部队的近距离突击武器。对于常常在室内近距离交火的特种部队和特警部队来说，全自动手枪尺寸较小，在数十米距离内能发挥相当大的威力，从而可以有效压制敌方火力。

▶▶▶ 现代军队为何极少使用左轮手枪

经历了漫长的岁月，手枪这种小巧的轻武器一直在不断演变，不断进步，不断成熟。其间经历了火门手枪、火绳手枪、转轮发火手枪、打火手枪、燧发手枪、击发手枪、左轮手枪几个重要的演变过程。

左轮手枪的转轮设计早在燧石枪时代就已经出现，英国人以利沙·科利尔于1818年取得转轮燧石枪的英国专利。早期左轮手枪大多枪管笨重，或者无法防止转轮逆转，所以没有太大的实用价值。1835年，美国人塞缪尔·柯尔特改进了前人的设计，并获得英、美两国的专利。

柯尔特 M1873 左轮手枪

与过去的左轮手枪相比，柯尔特左轮手枪有如下独特之处：弹仓作为一个带有弹巢的转轮，能绕轴旋转，射击时，每个弹巢依次与枪管咬合。转轮上可装5发子弹，枪管口径为9毫米。而且它采用当时最先进的撞击式枪机，击发火帽和线膛枪管，尺寸小、重量轻，结构紧凑，功能完善。

19世纪中期，定装枪弹出现后，史密斯·韦森公司创造性地发明了"通透转轮"技术并申请了专利，力压柯尔特左轮手枪一头。通透转轮是相对于早期火帽击发式左轮手枪的转轮弹膛而言的。早期的火帽击发式左轮手枪采用分装枪弹方式，其转轮弹膛相应地被分为两部分，前部分装发射药及弹丸，后部分装火帽，两部分之间通过一个细小的传火孔连通，而史密斯•韦森公司设计的转轮，其转轮弹膛是通孔，故称"通透转轮"。

由于美国相关专利法案的保护，柯尔特公司只能看着史密斯•韦森公司的左轮手枪一步步抢夺市场。19世纪70年代，在史密斯•韦森公司的通透转轮专利失效之后，柯尔特公司马上就改进了通透左轮手枪的制造技术，从而促成了左轮手枪一代经典的诞生，即柯尔特M1873手枪。

左轮手枪结构简单，操作灵活，因此受到各国官兵的喜爱。19世纪中期以后，这种手枪更是风靡全球，不少国家都在研制和生产，许多军官都以拥有一支左轮手枪而自豪。19世纪末，左轮手枪的发展达到顶峰。

虽然左轮手枪威力强大，可靠性较好，但是载弹量不足和装弹速度慢一直是左轮手枪天生的缺点。1892年，奥地利首先研制出8毫米的舍恩伯格手枪，这是世界公认的第一把自动装填手枪。早期半自动手枪多使用固定式弹仓或类似于左轮手枪的弹巢供弹，因此没有太大优势。

FN M1900 半自动手枪

1893年，德国工程师雨果•博查特设计出了世界上第一支投产的半自动手枪——博查特C93手枪，该枪使用肘节式起落闭锁机制，弹匣供弹，拥有强大的火力、较高的精度及射速。自博查特C93手枪之后，半自动手枪开始登上了历史舞台。

1898年，格奥尔格•鲁格改良了博查特C93手枪的可拆式弹匣，并去掉了早期自动手枪的平衡装置，设计出鲁格P08手枪，成为半自动手枪发展史上的一个重要里程碑。这种手枪被当时的德国军队选作制式手枪。

1900 年，美国枪械设计师约翰·勃朗宁发明了以套筒上膛的 **FN M1900** 半自动手枪，这种上膛机制提高了装填速度并简化了操作过程。勃朗宁与柯尔特公司及比利时赫尔斯塔尔国营工厂长期合作，设计了多款经典半自动手枪，包括后来被多国选为制式手枪的 **FN M1903** 手枪和柯尔特 **M1911** 手枪等。

一战时期，半自动手枪被多个参战国使用，因为可拆式弹匣设计能够保障子弹的清洁，而且载弹量和射速上也胜过了左轮手枪。在当时的堑壕战中，步枪需要以手动方式完成复进过程，而且尺寸过大，不方便在狭小的壕沟中战斗使用，而手枪是唯一能在短时间内发射的个人枪械。直到一战末期，冲锋枪、霰弹枪和火焰喷射器等武器被用于堑壕战，手枪的作用才稍为降低。

比利时 FN M1903 半自动手枪

一战中，自动手枪充分展示了左轮手枪无可比拟的优越性，令各国军方刮目相看，也充分认识到发展自动手枪势在必行，从此现代手枪的发展进入了一个崭新的时期。在二战期间，各国都在不遗余力地发展具有本国特色的手枪，各种新式手枪层出不穷。

二战中，手枪是参战各国不可缺少的武器装备。在这场规模空前的战争中，小小的手枪并不引人注目，但也经受住了战火的考验，发挥了应有的作用，并涌现出很多结构新颖、性能优良的自动手枪。

毫无疑问，自动手枪已经成为世界手枪发展的主流。其主要表现在以下几个方面：一是自动手枪的结构原理已趋成熟，设计更加完善。自动原理以枪管短后坐式和自由枪机式为代表。在枪管短后坐式自动原理中，闭锁方式主要采用的是枪管偏移式原理。在结构设计上又可分为 3 个流派，即以比利时勃朗宁大威力手枪为代表的凸耳式，以美国 M1911 手枪和苏联 TT-33 手枪为代表的铰链式，以德国 P38 手枪为代表的卡铁摆动式；二是手枪的口径基本上有 3 种，即 9 毫米、7.62 毫米、11.43 毫米，其中又以 9 毫米口径最为常见；三是自动手枪的优越性能越来越为人们所认同，其影响力越来越大。在二战的各个参战国中，除英国外基本上都装备了现代自动手枪，左轮手枪已经风光不再。这一切对现代手枪的发展产生了深远的影响。

时至今日，世界各国军队装备的手枪几乎都是半自动手枪，而左轮手枪则主要用于执法、狩猎等。

美国柯尔特 M1911 半自动手枪

▶▶▶ 冲锋枪被称为"堑壕扫帚"的原因是什么

一战爆发后不久，作战形式便从机动战转为阵地战，欧洲西线战场形成了长度超过 600 千米的筑垒堑壕系统。当时重机枪处于统治地位，防守方明显占据优势，没有人愿意冒着枪林弹雨冲向敌人的壕沟，战局只能僵持下去。

在一战堑壕战期间，同盟国和协约国军队都发现自己手中的武器没有一件是真正称手的，重机枪虽然可以连续射击，但是需要几个人相互配合才能操纵，而且把重机枪抬出战壕，跟着步兵冲锋根本就是不可能完成的任务；步枪虽然射程远、火力足，但是当时的手动步枪只能单发射击，火力密度不大，火力持续性也不强；手枪虽然大部分都已经是半自动，但是射程太近，在 20 米以内的极近距离才能发挥作用。双方都迫切需要一种既能像机枪一样进行快速连发射击，又能像步枪一样便于携带的轻武器。在这样的实战需求下，冲锋枪应运而生。

MP18 冲锋枪

1916 年，德国开始研制使用手枪子弹的自动武器，用于配合渗透突破堑壕的突击战术。这种武器于 1918 年开始批量生产并装备部队，定名为 MP18 冲锋枪，设计者为雨果·施迈瑟，由伯格曼兵工厂生产。冲锋枪是介于手枪和机枪之间的武器，比步枪短小轻便，便于突然开火，具有射速高、火力猛的优点，适于近战和冲锋时使用。

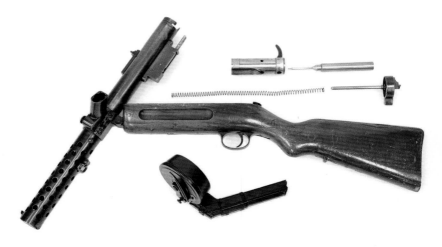

简单拆卸后的 MP18 冲锋枪

　　冲锋枪在一战末期的最后几场大规模战役中开始显露其价值，德军为执行突击群任务的步兵配备了大量冲锋枪，并且对协约国军队造成了很大的威胁。当时，德军的暴风突击队是冲锋枪的主要使用者，他们的标准战术就是以步兵分队的方式，携带 MP18 冲锋枪和手榴弹进行快速突破。在堑壕内的短距离作战中，火力的投射量远比精度更重要，手持 MP18 冲锋枪的暴风突击队士兵无疑是恐怖的存在，他们被协约国士兵称为"堑壕清道夫"，而 MP18 冲锋枪也被称为"堑壕扫帚"。不过，冲锋枪在战略上的优势尚未完全显露时，一战便已经结束了。因此冲锋枪并未在一战的战场上对当时步兵的作战方式产生全面性影响。

≫≫≫ 冲锋枪和全自动手枪（冲锋手枪）有何区别

　　冲锋枪是一种单兵连发枪械，比步枪短小轻便，具有较高的射速，火力猛烈，适于近战和冲锋时使用，在 200 米距离内具有良好的杀伤效能。

HK VP70 冲锋手枪

　　全自动手枪常被称为冲锋手枪、突击手枪、机关手枪，是一种用途类似于冲锋枪、可全自动发射子弹的手枪。冲锋手枪首见于一战时期德国的鲁格 P08 手枪的炮兵型，其设有长枪管，可配备枪托和 32 发弹鼓。德国毛瑟兵工厂于 1932 年开始生产的毛瑟 C96 手枪的速射型算得上是第一种被军队广泛使用的冲锋手枪。

HK MP7 冲锋枪

　　小型冲锋手枪与一般手枪在外形及尺寸上非常相似，其可通过机匣上的射击模式选择钮识别，大型冲锋手枪和冲锋枪形状相似，但尺寸仍然稍小，这一点可以通过使用的人员与与其他物品的相对大小识别。

　　由于冲锋手枪重量轻、只有手枪握把，以全自动模式发射大量手枪弹时难以控制命中点。因此部分生产商的冲锋手枪以三发点射模式取代全自动模式，其中的代表就是 HK VP70 冲锋手枪。

　　相对于冲锋枪的普遍应用，冲锋手枪的应用并不广泛。最主要的原因是冲锋手枪的型号非常少，价格很贵，重量并不比冲锋枪轻多少，战斗性能又赶不上标准的冲锋枪。所以，长期以来，冲锋手枪只应用于特种部队、警察、游击队，甚至非政府武装，而在正规军里很少应用。

　　在现代，一些国家提出了个人防卫武器，或者叫单兵自卫武器（PDW）的概念，德国黑克勒·科赫公司发展了 MP7 冲锋枪，瑞典有 CBJ-MS 冲锋枪，比利时有 FN P90 冲锋枪，性能和功能介于手枪和冲锋枪之间，这些武器都可以代替冲锋手枪。

▶▶▶▶ 步枪主要有哪些类型

　　步枪是一种单兵肩射的长管枪械，主要用于发射枪弹，杀伤暴露的有生目标，有效射程一般为 400 ～ 1000 米。短兵相接时，也可用刺刀和枪托进行白刃格斗，有的还可以发射枪榴弹，并具有点、面杀伤和反装甲能力，是现代步兵的基本武器装备。

法国 FAMAS 步枪

美国 M16 步枪

按自动化程度，步枪可分为非自动、半自动和全自动，现代步枪多为自动步枪。自动步枪有多种自动方式，包括枪机后坐式（自由枪机式和半自由枪机式）、管退式（枪管短后坐式和枪管长后坐式）、导气式（活塞长行程、活塞短行程和导气管式），但多数现代步枪的自动方式为导气式。

奥地利 AUG 步枪

按使用的子弹，步枪可分为大威力子弹步枪、中间型威力子弹步枪及小口径子弹步枪。枪械的口径一般分三种，即 6 毫米以下为小口径，12 毫米以上（不超过 20 毫米）为大口径，介于二者之间为普通口径。如今使用较多的是 5 ～ 6 毫米的小口径步枪，其特点是子弹初速大，弹道低伸，后坐力小，连发精度好，体积小，重量轻。例如美国 M16 突击步枪、英国 L85A1 突击步枪、法国 FAMAS 突击步枪、奥地利 AUG 突击步枪、比利时 FNC 突击步枪、以色列加利尔突击步枪、德国 HK G36 突击步枪等，均为 5.56 毫米口径。

按用途，步枪可分为普通步枪、卡宾枪（骑枪）、突击步枪和狙击步枪。卡宾枪（骑枪）又称马枪，它的结构与步枪相同，只是枪身稍短，便于骑乘射击。卡宾枪是 15

世纪末开始研制的一种步枪，当时主要装备于骑兵和炮兵，实际上它是一种缩短的轻型步枪，现代卡宾枪和自动步枪已无太大区别。在骑兵被淘汰后，卡宾枪也曾用作特种部队、军士和下级军官的基本武器，并且由于其机动性和特种作战性能良好，深受大家欢迎。

美国 M4 卡宾枪

德国 MSG90 狙击步枪

突击步枪是根据现代战争的要求，将步枪和冲锋枪所固有的最佳战术技术性能成功地结合起来的一种枪械，具有类似于冲锋枪的猛烈火力，以及接近普通步枪的射击威力。现多指各种类型采用全自动／半自动／点射方式、发射中间型威力子弹或小口径步子弹、有效射程 300 ～ 400 米的自动步枪。其特点是射速较高、射击稳定、后坐力适中、枪身短小轻便。

狙击步枪指在普通步枪中挑选或专门设计制造，射击精度高、射击距离远、可靠性好的专用步枪。主要用于射击对方的重要目标（如指挥人员、车辆驾驶员、机枪手等）。狙击步枪的结构与普通步枪基本一致，区别在于狙击步枪多装有高精度瞄准镜；枪管经过特别加工，精度非常高；射击时多以半自动方式或手动单发方式射击。

比利时 FNC 突击步枪

>>>> 卡宾枪和步枪有何渊源

因为步枪和机枪在战争中特别是快速机动的移动战中携带不方便，所以出现了一种轻巧便于携带的武器叫卡宾枪。卡宾枪其实就是短步枪，实际上还是步枪，而之所以会有卡宾枪这个称呼，是因为英语中 Carbine 一词的音译，翻译成中文是骑步枪，就是骑兵使用的步枪，也就是短步枪。它最早出现在西班牙内战时期。在二战以前，骑兵是各国主要突击和机动武装，但早期因技术问题，单兵步枪都比较长，不利于骑兵使用，随着步枪设计的逐渐完善，在西班牙内战中就出现了一种短枪管、利于骑马射击的步枪，就是骑步枪，音译为卡宾枪。

FN PS90 卡宾枪

SIG SG 552 卡宾枪

卡宾枪最初主要是指一些枪管较短的火枪及来复枪，只是标准版的改短型号，使用同一种弹药，后来又被重新开发，使用较低威力子弹或手枪子弹。由于它的体积较小且重量较轻，最初基本上只装备给一些高机动性部队，例如早期的骑兵、炮兵等兵种使用，到后来，伞兵、侦察兵、不便携带全尺寸枪械的人员及各类驾驶员也开始装备这种武器。

9A-91 卡宾枪

9A-91 卡宾枪拆解图

AKS-74U 卡宾枪拆卸图

M1 卡宾枪

M1 卡宾枪

在 19 世纪初，骑兵很多时候是在马背上作战，所以需要较短枪身的卡宾枪以方便在马背上装填弹药。在骑乘时使用来复枪极为不便，尤其是一些前枪管装填的枪械。到美国内战时期，骑兵基本上已经很少在马背上使用长枪了。这些兵种一般使用来复枪都以下马作战为主，马匹主要作为长途机动工具使用。但骑兵仍然有机会在马背上使用军刀和手枪作战，携带过长的枪械会影响作战和行动，造成危险，所以规定骑兵携带枪械长度不得超过军刀的长度，斜挂在马鞍上时不能超过士兵的手肘，下不能长过马腹而及马的腿部，以免阻碍作战及机动，因而卡宾枪成为主要枪械。

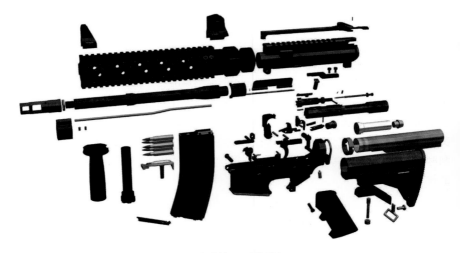

M4 卡宾枪 3D 拆卸图

随着坦克和速射武器的出现和成熟，骑兵就渐渐退出了军事舞台，但随着机械化的发展，地面战斗的形式开始逐渐改变，在运输步兵及空降作战中，步兵急需短步枪，因此二战后期，卡宾枪再次崛起，但这次不是缩短枪管，而是重新设计专用枪支和采用折叠枪托，以减少步枪长度。由于其便携性，除驾驶员、炮兵、伞兵、通信员、特种兵之外，很多国家的卡宾枪也配发给步兵使用，美军的 M1 卡宾枪就是一个例子。时至今日，美军装备的 M4 卡宾枪虽然被称为卡宾枪，但与标准突击步枪的区别并不大，美军一线作战部队几乎都有装备。

M4 卡宾枪

▶▶▶ 突击步枪小口径化的原因是什么

二战后期，德国研制出 StG 44 突击步枪，这是世界上第一款真正意义上的突击步枪。由于德国濒临战败，StG 44 突击步枪在二战中并没有发挥多大作用。二战结束以后，StG 44 突击步枪由于自身性能的局限，很快退出了历史舞台。然而，突击步枪这个枪械大家族中的新成员却并没有因此而夭折。冷战时期，苏联 AK 系列和美国 M16 系列逐渐成为世界突击步枪中的两大代表性枪族。此外，德国、法国、比利时、奥地利和瑞士等国也不乏经典之作，突击步枪的性能越来越出色，在战争中的作用也越来越大。

7.92 毫米口径的 StG 44 突击步枪

冷战时期，突击步枪的一大发展趋势就是小口径化。二战期间，自动步枪的大量应用让美国意识到 7.6 毫米步枪弹连发时的精度太低，因此在二战结束后，美国便开始研制小口径步枪弹及小口径步枪。1964 年，美军将发射 5.56 毫米口径步枪弹的新式步枪命名为 M16 突击步枪，开创了步枪小口径化的先河。

5.56 毫米口径的 M16 突击步枪

5.56 毫米口径的 HK G36 突击步枪

5.45 毫米口径的 AK-107 突击步枪

随着 M16 突击步枪在战争中显出优势，各国看到了小口径步枪的优点，因此各国军队掀起了一股步枪小口径化的热潮。随着时代的发展，小口径步枪逐渐演变成三个系列，即采用 5.8 毫米步枪弹的中国步枪，采用 5.45 毫米步枪弹的俄罗斯步枪，采用 5.56 毫米步枪弹的北约国家步枪。突击步枪小口径化具有下述各种优点。

（1）减轻士兵负重。使用小口径步枪可使士兵在不增加负荷的前提下，大幅提高弹药携带量，增强了其在战场上的火力持续能力，对保障作战胜利具有重要意义。

（2）提高射击精度。小口径弹药一个突出的优点是后坐力小，这样就容易操作和使用步枪，提高其射击精度和点射命中率。

（3）增大杀伤威力。小口径弹药初速高，弹头进入肌肉组织后会翻滚、变形，因此其侵彻力和杀伤威力也较大。

（4）扩大杀伤区域。小口径步枪弹道低伸、直射距离远，故小口径步枪在300米内的杀伤区域比同级较大口径步枪大得多；同时，士兵在近战时，可不变更表尺进行射击，提高了火力密集度。

（5）有利于战时后勤供应。小口径弹药由于体积小、质量轻，使用同样的运输工具时，后勤运输量可成倍提高。所以在战时使用小口径步枪可节约大量的人力、物力和财力，有利于后勤供应。

❯❯❯ 战斗步枪为何型号少、产量低

战斗步枪多指二战后可选择全自动、半自动发射模式，使用标准威力步枪弹的军用步枪。与使用中间威力步枪弹的突击步枪相比，战斗步枪使用标准威力步枪弹，因此后坐力较大，无法作为步兵的理想武器使用，所以"冷战"以来世界各国设计和制造的战斗步枪并不多。不过，威力大、射程远的战斗步枪在一些特定的作战环境条件下仍能发挥重要作用，例如一些高精度的战斗步枪便被选为中远程狙击步枪使用。

美国 M14 战斗步枪

战斗步枪的提出主要是为了更好地将一些标准威力步枪（例如美国 M14 步枪、德国 HK G3 步枪、比利时 FN FAL 步枪）和威力较小的突击步枪（例如美国 M16 步枪、俄罗斯 AK-47 步枪、德国 StG 44 步枪）区分开来，因为这两类步枪的外观和某些特征十分相似。

战斗步枪使用的弹药为标准威力步枪弹，例如 7.62×51 毫米北约标准弹、

7.62×54 毫米步枪弹等。而突击步枪使用的枪弹则属于中间威力步枪弹，例如 7.62×39 毫米步枪弹、5.56×45 毫米北约标准弹等，威力相对较小。值得注意的是，虽然战斗步枪大都是 7.62 毫米口径，但并非 7.62 毫米口径的步枪（例如俄罗斯 AK-47 步枪）就一定是战斗步枪，关键在于弹药类型。

德国 HK G3/SG1 狙击步枪（HK G3 战斗步枪的变型）

比利时 FN FAL 战斗步枪

狙击步枪主要有哪些类型

　　按照工作原理，狙击步枪通常可分为半自动和手动两种。在现代军队中，半自动狙击步枪主要作为高精度步枪装备在步兵班建制中，对中等距离内的重要目标进行射击，担负班组支援武器的任务，在战斗中通常配置在前沿阵地内。因此，半自动狙击步枪不仅需要有较高的精度，而且还要求具备一定的射速，以提高火力密度，因而采取半自动装填方式。

　　手动狙击步枪主要是装备给单独编制的专业狙击手，配置在纵深隐蔽阵地，对中远程重要目标实施打击。另外，专业狙击手另一项重要任务就是反狙击行动，在狙击手的对决中，基本没有打第二枪的机会，所追求的是极高的射击精度，而不是射速。因此，采用旋转后拉枪机、手动闭锁是减少机件运动，提高射击精度的重要手段。同时，部分发达国家还专门研制了狙击步枪专用弹药来提高射击精度。

　　按照使用环境与单位不同，狙击步枪又可分为军用与警用两种。由于作战需求不同，所以军用狙击步枪与警用狙击步枪在设计时的侧重点也不同。由于执法单位常常会处理暴徒与人质交错的劫持事件，经常在街道与建筑物中与暴徒交火，战斗距离一般比军队狙击手短。因此，警用狙击步枪在射程上的要求没有军用狙击步枪那么严格。虽然军用狙击步枪与警用狙击步枪都要求高精度，但由于人质解救任务的特殊性，执法单位对狙击步枪精度的要求更加严格。

俄罗斯 SVD 半自动狙击步枪

美国雷明顿 M2010 手动狙击步枪

德国国防军的狙击手

德国联邦警察第九国境守备队的狙击手

　　一般来说，军用狙击步枪通常要求结构耐用、可靠、坚固、容许粗暴操作、零件可交互使用，在精密程度上不如警用狙击步枪。另外，由于军队狙击手执行特定任务时必须枪不离人、人不离枪，军用狙击步枪的重量是狙击手能否完成任务的重要因素，因此军用狙击步枪往往会考虑其便携性，而执法单位不需要长途奔袭，使用脚架的机会也比军人更多。

精确射手步枪和狙击步枪有何区别

　　顾名思义，精确射手步枪是一种配备给步兵班精确射手使用的步枪，作为步兵班火力的延伸。精确射手和狙击手是不同的，因此精确射手步枪和狙击步枪也是不同的。

　　狙击手通常射杀距离较远的敌人，力求一枪毙命。狙击手几乎都是在隐蔽情况下狙杀敌人，极少直接与敌人在短距离面对面交战，因此狙击步枪以机械结构简单但精准度极高的旋转后拉式枪机手动狙击步枪为主。

　　精确射手的目标是普通步兵无法命中或有效杀伤的中远距离敌人。与狙击手不同，精确射手常和步兵班一起行动，因此精确射手也有可能与敌人在短距离面对面交战。为了适应战术要求，精确射手步枪不仅需要较高的精准度，同时还需保留一定程度的火力。精确射手步枪像是一种介乎于突击步枪和狙击步枪之间的武器，通常是由精准度较高的战斗步枪改装而成的半自动步枪。

美国 SAM-R 精确射手步枪

　　然而，随着枪械、子弹科技日益进步、战斗步枪口径提升、制式武器统一化、世界军事财政预算萎缩等原因，战斗步枪和精确射手步枪的区别越来越小。不少现代战斗步枪的精准度已经相当高，和精确射手步枪已相差不大。未来步兵班中所有成员可能都会使用同一枪械并配备不同配件，以满足不同成员的分工需要。这样不仅可以减少特定兵种的风险，还能简化后勤工作。因此，未来专门的精确射手步枪可能会逐渐式微并最终消失，改用高通用性枪械的其中一种。

美国 M21A5 精确射手步枪

德国 HK G28 精确射手步枪

>>> 左轮步枪为何没能成为主流枪械

　　左轮手枪构造简单却威力惊人，一直深受军警单位和民间用户喜爱。很多人都有这样的疑问：自动步枪发明以前，为什么不制造左轮步枪？事实上，在左轮手枪诞生后不久，就有很多枪械公司开始研发左轮步枪，包括美国柯尔特公司、美国雷明顿公司、巴西陶鲁斯公司等著名枪械公司。但是在后来的实战中，人们发现左轮步枪根本就不好用。稍有不慎，射手自己的左手就会被炸断。

　　转轮枪械，成也转轮，败也转轮。由于转轮的结构，转轮枪械有多个枪膛，共用一根枪管，这样就解决了枪械重复装弹的问题，大大提高了枪械射击速度。但是同时也出现了一个大问题，那就是枪膛的气密性极差。一方面，由于枪膛与枪管并非一体，所以大量的火药燃气与压力会从弹巢与枪管之间泄漏出来。在扣动扳机的时候，射手的手掌很有可能被灼伤。另一方面，即便纳甘左轮手枪采用了弹巢前推的辅助气密设计，也无法满足全威力步枪弹的压力需求，所以左轮手枪射出的子弹初速会大大降低。而且由于弹巢的压力问题，左轮手枪无法使用具有弹颈弹壳的子弹，这就意味着其火药容量与口径的比例极其有限。

由于左轮枪弹的弹头速度与形状无法改进，转轮枪械在大于 200 米的射击距离上，精度和威力都会大打折扣。因为压力被泄漏，左轮枪弹在经过大约 8 英寸（约 20 厘米）的枪管过后加速就少得可怜了，所以没必要使用更长的枪管。如果使用 17 英寸（约 43 厘米）枪管射击重 125 格令（弹头重量单位）的 357 玛格南子弹，初速才不到 549 米 / 秒，而就算使用 16 英寸（约 41 厘米）枪管射击 7.62×39 毫米的中间威力弹，也可以轻松达到 792 米 / 秒的初速。既然如此，为什么不直接使用左轮手枪，而要大费周章地去制造一种达不到步枪威力要求的左轮步枪呢？

综上所述，左轮步枪只能是昙花一现，即便它有一些突出的优点，但其致命的缺陷让它无法跟随士兵出现在战场上。

柯尔特 M1855 左轮步枪

雷明顿 M1858 左轮步枪

反坦克步枪退出历史舞台的原因是什么

反坦克步枪是专门为击穿车辆装甲而设计的步枪，其主要攻击对象就是坦克。这种步枪在坦克刚出现的时代投入战场，一直到二战才逐渐失去效用，因为随着车辆装甲越来越厚，单一士兵所能携带的实心弹头已经无法击穿它们。

最早的反坦克步枪诞生于一战时期，当时，德国士兵对于英国发明的坦克束手无策，曾有 300 多名德军士兵被第一次投入战场的坦克吓傻投降的例子。为了对付英法的坦克威胁，德军紧急赶制了一批世界上最早的反坦克步枪，即毛瑟 1898 式13.2 毫米反坦克步枪。这种反坦克步枪其实就是普通毛瑟步枪的放大版，虽然能应急使用，但仓促研制的结果是该枪后坐力大的问题非常严重。当时德军中流传一句话，一名士兵只能使用毛瑟反坦克步枪打两枪，就是左肩抵肩打一枪，右肩抵肩打一枪，然后就躺进野战医院。后来，德国又研制了毛瑟 1918 式 13.2 毫米反坦克步枪。

德国毛瑟 1918 式反坦克步枪

苏联 PTRS-41 反坦克步枪

二战初期，反坦克步枪仍然是各国军队主流的反坦克武器之一，大部分国家都有一种使用大口径高速弹的反坦克步枪。这些步枪在对付二战初期的坦克（如德国一号、二号轻型坦克）时有不错的效果，但随着新型坦克的装甲越来越厚，单兵携行式的反坦克步枪效用越来越低。当时，正面装甲厚度超过 100 毫米的重型坦克在战场上出现，作为各国装甲部队主力的中型坦克，正面装甲厚度也在 45 毫米以上。日本 20 毫米九七式反坦克步枪已经是步枪中最大的口径了，但这也只能在 350 米的距离内击穿 30 毫米的垂直装甲。

此外，反坦克步枪造价高昂，重量又大，携带不便，越来越被军队所抛弃，二战后就不被各国军队用来反坦克了。后来，高爆反坦克武器取代了反坦克步枪的地位，例如著名的"巴祖卡"反坦克火箭筒。

▶▶▶ 霰弹枪在军队中的价值体现在哪些方面

首先，霰弹枪威力大，命中率高。霰弹枪是近战命中率最高的枪支。其弹药由十数个弹丸组成，发射出去后可以形成较大的散布面，不需要精确瞄准，在近距离交战时的命中率较高，而且近距离作战移动速度快。如果使用其他手枪或步枪，很难保证命中率。除了威力外，在近距离作战时，霰弹枪在命中率方面也是有着相当大的优势的。研究表明，在近距离作战中射手很难进行精确度较高的射击，只能在一个安全范围内尽量保证精度，而由于霰弹枪子弹在击发后会形成一个"面"（多弹头弹），因此射手在大概瞄准的情况下即可保证命中率。而且，当交火环境为室内等狭窄环境时，霰弹枪更是有着惊人的压制能力（子弹覆盖面太大，敌方在霰弹枪持续火力下很难进行有效反击）。众所周知，由于子弹具有不同的特点（大口径独头弹或多弹头霰弹），霰弹枪具有其他枪械所无法比拟的杀伤力，尤其是在近距离对人体等目标的杀伤力，霰弹枪更是枪械中的王者。在双方近距离交火时，使用霰弹枪的射手可以轻松地使敌方丧失行动能力，而这是其他枪械所无法做到的。军用霰弹枪具有在近距离火力猛、反应迅速以及面杀伤的能力，故在夜战、遭遇战及伏击、反伏击等战斗中能大显身手。

现代军队使用的雷明顿 870 霰弹枪

手持霰弹枪的美国海岸警卫队士兵

现代常见的霰弹枪及配备的子弹

　　其次，霰弹枪用途广泛，能发射多种弹药，例如独头弹、常规霰弹等杀伤性弹药，也可发射催泪弹、染色弹、橡胶弹等非致命性弹药，其在反恐、防暴等方面的作用是其他类枪械武器所无法代替的。而且，霰弹枪还能够被用来破门，而这是其他所有枪械都无法做到的，射手在掌握好射击角度的情况下可以使用霰弹枪破坏门的闭锁结构来达到破门目的，而其他枪械类武器如果被用来破门甚至会因弹头反跳而导致误伤。相比其他类型的单兵武器，比如自动步枪、冲锋枪以及手枪，军用霰弹枪自身有着不可被取代的技术优势。军用霰弹枪由于射程通常在 100 米左右，因此非常适合近距离战斗，而且会大大减少因跳弹或贯穿前一目标后伤及后面目标的概率。所以，在丛林战、山地战、巷战等作战环境中，以及在执行保护机场、海港等重要基地和特殊设施的任务中，各国军队、特种部队和警察部队都会广泛使用军用霰弹枪。

一名装备了莫斯伯格 M500 霰弹枪的美国士兵

▶▶▶ 深受欢迎的通用机枪为何由德国发明

一战结束后，因水冷式重机枪在战争中表现出极大的杀伤力，所以在《凡尔赛条约》中，明确规定了战败后的德国不得制造和装备水冷式重机枪（当时对重机枪的定义是使用弹链供弹、有三脚架、采用水冷方式且能长时间射击的机枪）。

20世纪30年代，为了逃避条约的限制以及降低西方国家的质疑，德国受麦德森轻机枪的启发，开始研发能够长时间连续射击而重量轻于以往重机枪的新型机枪。德国军工部门开始将大量的德莱赛水冷式轻机枪改造成气冷式轻机枪，最终研发出外形和供弹系统都有较大变化的MG 13轻机枪（MG 13编号是故意以一战武器编号来蒙蔽协约国检查）。MG13轻机枪的气冷式枪管可迅速更换，发射机构可进行连发射击，也可单发射击。该枪设有空仓挂机，即最后一发子弹射出后，枪机会停留在弹仓后方。MG 13轻机枪使用25发弧形弹匣供弹，也可使用75发弹鼓，已经具备通用机枪的基本要素。

MG 13轻机枪

为了逃避《凡尔赛条约》的限制，德国军工部门还做了两手准备，在国内对现有机枪展开改造工作的同时，还在国外进行新型机枪的研制。1929年，德国莱茵金属公司入股瑞士索罗通公司，随即以莱茵金属公司的团队在瑞士进行研发，并推出了MG 30机枪，开启了德国气冷式机枪的先河。这款冠以"轻机枪"名号的武器在日后也成为MG 34通用机枪的前辈。从外形上看，MG 30和MG 34已经非常像了，甚至可以说就是插弹匣的MG 34。但当时由于条约限制，德军并不能装备这种机枪，因此该枪只能由瑞士索罗通公司和奥地利斯泰尔公司生产。德奥合并后，奥地利的MG 30落入德军手中，但由于这批MG 30使用8毫米子弹，因此只能配给二线部队使用。

1934年，德国在 MG 30 机枪的基础上成功研制出世界上第一款真正意义上的通用机枪，即 MG 34 通用机枪。它既具有重机枪射程远、威力大，连续射击时间长的优势，又兼具轻机枪携带方便、使用灵活，紧随步兵实施行进间火力支援的优点。

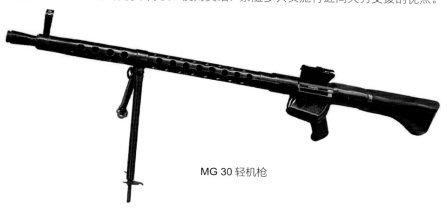

MG 30 轻机枪

毫无疑问，德国机枪的发展有很强的递进性和继承性，可以说通用机枪的基本设计从一战后期就已经定型了，其后就是逐步改进完善的过程。从一战时期的 MG 08/18 轻机枪到二战期间研制的 MG 42 通用机枪，德国机枪都具有以下特点：采用枪管短后坐原理，可靠性高；枪管有复进簧，传递到人体的后坐力较小，再加上枪托一般与枪管同一轴线，因此其理论精度较高；在枪机加速器作用下，枪机回复速度快，射速较高。

MG 34 和 MG 42 通用机枪对二战后的机枪设计产生了重要影响，通用机枪作为一种主流枪械被世界各国军队大量采用。

MG 34 通用机枪

MG 42 通用机枪

>>>> 机枪和自动步枪最大的区别是什么

很多人都没有意识到，在战场上步兵使用的各类枪械中，步枪并不是真正的核心火力，机枪才是。对中远距离的目标发射出暴风骤雨般持续、密集的压制火力，只有机枪才能做到，而步枪在绝大多数情况下，都是掩护机枪火力点安全的辅助武器。

从 20 世纪初开始，可以说整个近现代步兵战术的核心环节，都是围绕着如何让己方的机枪组尽可能地发挥火力优势、如何打掉敌方机枪组而展开。这个趋势直到 20 世纪 60 至 70 年代才得到一定程度的改变。以 M203 榴弹发射器为代表的下挂式榴弹发射器开始普及到步兵班之后，步兵在 300 米之内的战斗方式，往往会变成用机枪火力去压制、驱赶敌人，然后用榴弹发射器对躲藏在掩体后方的目标进行点杀伤。即使在这样的作战方式中，机枪依然是无可替代的核心火力。

在多数游戏、影视剧中，机枪和自动步枪的特性区别表现得并不明显。但针对中口径通用机枪以上级别的机枪来说，它们在火力的持续性、密集性上，是自动步枪所无法相比的。而这些特性的强化、在战斗中的完全发挥，需要更为沉重、复杂的机械结构，还有更多的使用人员进行配合才能实现。在传统的机枪上，影响最大的三点分别是如何供弹、如何散热、如何保持良好的射击精度。

第一，真正作为步兵火力支柱的机枪，需要具备弹链供弹能力。主流通用机枪都具备弹链供弹能力，单条弹链的装弹量可以轻易达到 50 ～ 100 发，而且可以通过不断续接下一条弹链的方式，实现不间断供弹。这是封闭式结构、且带机械蓄能设计的弹匣和弹鼓没有办法做到的。

不过，弹链供弹也存在一些缺陷。首先，弹匣和弹鼓自带弹簧蓄能，是托弹簧顶着子弹往枪膛中走，而弹链供弹的机枪，就只能靠枪强行拉动弹链往枪身机匣中运动。因此弹链在恶劣环境下的供弹可靠性更差。一些国家的班用机枪，为了强调和其他步兵班武器具备同样的环境适应能力，放弃了弹链供弹方式。它们的设计定位，更接近于配备加长、加重枪管，配备大容量弹匣或者弹鼓的长枪管重型自动步枪。在火力持续性上，它们和真正的弹链机枪——特别是配备副射手的弹链机枪差距很大。

使用弹链供弹的美国 M2 重机枪

第二，机枪在耐热、散热上付出的代价，远比自动步枪要高。在使用固体火药作为推进剂的现代枪械中，大约有一半的能量会随着高温高压的燃气直接散失掉，剩下的能量里，一半转化成子弹的动能，一半消耗在子弹与枪管的剧烈摩擦中。因此，在连续射击之后，枪械的枪管、气吹管 / 导气活塞，会由于子弹摩擦和燃气冲刷而剧烈升温。

升温带来的膨胀变形、机械性能变化（例如刚度 / 强度降低），会使子弹出膛的初速、射击精度急剧下降，一旦距离稍远就根本打不中目标。而且口径越大的机枪，连续射击后的温度上升越剧烈。不管怎么加大枪管的壁厚，让枪管能吸收更多的热量，也只能在有限的范围内缓解这一问题。

为了解决散热问题，早期的机枪还在枪管外安装了水冷装置或者大量的散热鳍片。现代机枪为了减重，常常采用枪管可以快速拆卸的设计，让两根枪管交替使用。此外，还有一些其他措施，例如枪械不工作的时候，枪机会停留在最后方，保证枪膛露在外面，加快散热速度。

采用气冷式设计的 M240 通用机枪

　　第三，脚架是机枪射击精度的核心支撑。即使是小口径自动步枪，在全自动连发的状态下，要单纯依靠人的肌肉力量去完全控制猛烈后坐力和上跳的枪口都是不现实的。而对于中、大口径的机枪来说，确保连发时依然足够稳定的核心，就在于脚架。

　　对于中口径的通用机枪来说，配用轻便的两脚架，它就是方便跟随一线步兵运动、架设反应快、可以灵活架设在各种地形上的轻机枪。但这种情况下它的有效射程就要短很多：虽然子弹的射程和威力性能都没变，但是它的后坐力和枪口上跳幅度都比较大，中远距离上的散布面积就要大得多，命中率迅速下降。反之，如果配用三脚架，它就是重机枪——三脚架的重量更大，而且具备锁定和调节机构，可以让绝大部分后坐力、枪口上跳所产生的力道，通过脚架直接传导到地面，而不是由人体来承受。射击稳定性的巨大提升，可有效增加机枪在中远距离的命中精度。

配用两脚架的俄罗斯"佩切涅格"通用机枪

>>>> 枪挂式榴弹发射器的未来发展趋势是什么

枪挂式榴弹发射器作为一种重要的单兵装备，从诞生之初，就因射程远（相对手榴弹）、威力大、重量轻、使用方便而得到了广泛应用。枪挂式榴弹发射器发展到今天，已经有几十年的历史了，但基本原理、基本构造依然没有太大的变化。凭借自身在增强单兵火力方面的重要作用，枪挂式榴弹发射器还将继续发挥重要的作用。

枪挂式榴弹发射器除了配合突击步枪使用外，还可以独立使用，可由单兵携带和使用，可以像步枪一样抵肩射击，或挟于腰间射击，还可置于地面如迫击炮般射击。

枪挂式榴弹发射器的未来发展趋势主要有下述几点。

★　与枪械高度整合，大幅提高信息化水平

目前，主流的枪挂式榴弹发射器依然是简单的机械瞄准，发射触发引信。其精度不足，杀伤效果差，而且易产生附带杀伤。新一代的未来单兵作战系统已经初见端倪，单兵的信息化水平在不久的将来肯定会大幅提升，单兵武器也必须与单兵信息化装备衔接才行。

枪挂式榴弹发射器作为一种附加在枪械上的武器，最好的办法自然就是与主枪械高度整合。未来的步枪肯定会使用电子瞄准具作为主要瞄准工具，枪挂式榴弹发射器正好可以与步枪共用一套瞄准装备，这样既大幅提高了性能，又不增加重量。这方面，F2000 就是很好的设计实例。共用瞄准具只是提高信息化水平的一方面，武器本身也要改进。比如，使用可编程榴弹，定点、定向引爆，以增强杀伤效果。

士兵使用带有枪挂式榴弹发射器的 M4A1 卡宾枪

装有枪挂式榴弹发射器的 M16A1 步枪

★ 使用多种弹药，提高多用途能力

单兵通常需要面对各种不同的威胁，增加可用弹种可以有效提高步兵应对不同威胁的能力。

★ 进一步减小体积、减轻重量

目前主流的枪挂式榴弹发射器口径是 35 毫米或 40 毫米，系统质量大，而且 40 毫米榴弹体积还要超过普通手榴弹，单兵无法携带太多。未来可以通过改进使用材料来降低系统质量；同时使用新型发射药和战斗部，以减小弹药体积。

士兵给榴弹发射器加装榴弹

步榴枪为何迟迟不能实用化

各国的单兵作战系统往往将"一枪两弹"的步榴枪作为武器子系统的主要部分，步榴枪可以发射智能高爆弹与动能弹，两者共用一套发射机构。步榴枪拥有先进的计算机辅助瞄准系统，可以在全天候对远近距离的点、面目标进行精准打击。

步榴枪的设计理念颇具亮点，与传统的动能步枪相比，具有压倒性优势。美国等军事强国早就开展了步榴枪的研发，然而，在众多的研发型号中，却没有一款大量生产并装备部队。那么，各国的步榴枪项目为何如此命运多舛？

步榴枪最明显的两个特征就是"一枪两弹"与高信息化，是对 21 世纪高科技战争单兵武器的摸索。步榴枪将榴弹发射器与步枪结合，并大量使用先进的信息技术，大幅拓展射手的火力范围。

在信息化方面，步榴枪设有辅助瞄准系统。多功能观瞄设备可以探测目标方位信息，目标方位信息经弹道计算机计算后导入火控系统，榴弹的引信被提前编程，设置飞行时间与高度，使榴弹在最合适的位置爆炸。在火力方面，步榴枪的榴弹与动能弹药可以相互补充。相比下挂的枪榴弹发射器，步榴枪拥有更长的枪管、更高的膛压，因此，步榴枪的榴弹拥有高精度、远射程的优势。步榴枪的榴弹可以破坏防御工事、装甲车辆与群体软目标，弥补了动能弹药只能射杀单兵目标的不足，使士兵具备点面结合的杀伤能力。

XM8 轻型动能步枪

发射动能枪弹时，辅助瞄准系统可以使射手在低可视度、远距离情况下锁定目标，并赋予射手快速捕捉目标的能力，确保射手在各种作战环境条件下实现先敌开火、精确命中。步榴枪还允许射手在墙角、工事后射击，只暴露双臂，将步榴枪伸出，利用辅助瞄准系统传入头盔显示器的画面进行瞄准射击，从而有效保护士兵的人身安全。

XM25 智能高爆榴弹发射器

　　尽管设想的性能十分诱人，但目前仍没有成熟可靠的步榴枪，受限于人类的科技水平，智能榴弹与电子系统的技术难题迟迟没能被攻克。考虑到武器的便携性，大部分步榴枪的榴弹设计为 20 毫米口径，远小于动辄三四十毫米口径的传统榴弹发射器，这就直接导致榴弹的威力不足。矛盾的是，增加榴弹的口径与装药量，又会急剧增加步榴枪的总质量与士兵的弹药携带数量，实战意义十分有限。

　　此外，步榴枪的电子信息系统也不够成熟。首先，系统的智能化程度并未完善，受探测与计算等方面的影响，智能空爆榴弹会出现爆炸时间、爆炸位置不精准的问题。其次，步榴枪大量依赖电子设备，在较为恶劣的作战环境下，电子设备的可靠性容易受到影响，维护复杂，故障率高，会直接影响作战使用。不仅如此，步榴枪对电池的续航要求也较高，在微型电池技术被突破前，当下的技术难以支持步榴枪长时间的不间断使用。

手持 XM8 轻型动能步枪的美军士兵

　　为了弥补步榴枪的缺陷，各国提出了许多解决方案。美国的 XM29 OICW 项目颇具代表性，由于超重、威力不足等一系列问题，美国将 XM29 项目一分为二，分为 XM8 轻型动能步枪项目与 XM25 智能高爆榴弹发射器项目，试图等待这两个项目发展成熟后再重新进行整合。XM8 注重轻量化与多用途，计划取代 M16/M4 突击步枪，后来因为人机工效与可靠性方面的问题被迫流产。XM25 高爆榴弹发射器将 XM29 的 20 毫米口径提升到了 25 毫米，并参与实战检验。即便如此，XM25 的威力仍有不足，士兵的弹药携带量也十分有限，可靠性能更是无法经受住考验。后来因技术与资金问题，XM25 项目被美国陆军取消。

随着 5G 技术的发展，步榴枪很有可能被其他形式的武器所替代。首先，步榴枪的技术瓶颈到目前为止仍旧难以突破，并且在可见的未来很难出现有效的解决方案。其次，随着高科技战争的发展，各军兵种联合作战水平不断提高，作战人员可以通过作战网络呼叫各种形式的火力支援。并且，未来无人战车、无人机等装备会逐渐走向战场，为作战人员带来更强大的火力支援。

手持 XM25 智能高爆榴弹发射器的美军士兵

信号枪的主要特点是什么

信号枪作为军事上的辅助装备，主要用于夜间战场小范围的信号指示、照明与观察，指示军事行动或显示战场情况以帮助指战员作出正确判断，因而是一种必不可少的装备。此外，信号枪还可用于和平目的，如海上或沙漠中搜索、营救以及夜间管理等。在现代战争中，随着夜战比重的增大，信号枪的作用与地位也将得到进一步的重视和加强。

信号枪与照明器材通常有两大类：一类是由信号枪和信号弹或照明弹共同组成的系统；另一类是发射装置与弹药合二为一的系统。前者能重复使用，后者只能一次性使用。在能重复使用的信号枪或发射装置中，有信号手枪、钢笔式信号枪、防暴枪、榴弹发射器以及其他各种信号弹或照明弹专用发射器。在发射装置与弹药合一的一次性使用的信号或照明系统中，通常都会采用手持发射的信号火箭或照明火箭。

德国 HK P2A1 信号枪

　　一般来说，小范围信号枪与照明器材具有以下特点。

　　（1）结构简单，使用方便。信号手枪、钢笔式微型信号枪及其他各种信号弹或照明弹发射器，均属发射一定口径弹药的专用信号枪或发射装置。它们不仅结构简单，操作使用方便，而且可以重复使用，具有较长的使用寿命，一直是世界各国广泛使用的产品。特别是钢笔式微型信号枪及专用信号弹或照明弹发射器，其结构更简单、质量和尺寸更小，但射高稍低、信号持续时间稍短、发光强度较弱，一般多作为个人遇险时发射紧急求救信号使用。

美国 AN-M8 信号枪

（2）口径多为 20 ～ 40 毫米。信号手枪口径通常大于 20 毫米，标准口径有 26.5 毫米、37/38 毫米和 40 毫米三种。钢笔式微型信号枪及专用信号弹或照明弹发射器口径稍小，多在 20 毫米以下。用防暴枪及榴弹发射器发射的专用信号弹或照明弹，则口径较大，为 38 毫米或 40 毫米，所以发光强度大、射高比信号手枪远、发光持续时间长，但弹药成本要稍高。

（3）可发射不同颜色的弹药。信号手枪、钢笔式微型信号枪及其他各种信号弹或照明弹发射器，发射的弹药既有单星与多星、带降落伞与不带降落伞之区别，颜色也有红、黄、绿、白等多种，而且具有一定的射高、持续发光时间及发光强度。

手持发射的信号火箭与照明火箭通常是把带发火装置的发射管与信号或照明火箭组合成一体。其信号或照明火箭也有不同颜色、带降落伞与不带降落伞的区别，虽然其信号或照明持续时间长、射高远、发光强度大，但体积与质量也稍大，成本比一般信号弹或照明弹高。

▶▶▶▶ 气枪主要有哪些类型

气枪（Air gun）是所有用高压气体为动力发射弹丸的枪械的统称，包括气步枪、气手枪、气霰弹枪等。绝大多数气枪使用 .177 口径（4.5 毫米）、两头粗中间细的金属粒弹丸，因此又被称为粒丸枪。一些专门设计用来发射球状金属弹珠的气枪被统称为 BB 枪（原因是这种气枪最早设计用来发射直径 4.57 毫米的 BB 号鸟弹、铅丸）。除此之外，也有一些使用飞镖弹的气枪被称为镖弹气枪或气动针击枪，如果所发射的飞镖弹上载有麻醉剂则称为麻醉枪，发射普通箭矢的箭矢枪被称为气弩。

意大利伯奈利"凯特"气手枪（预充气）

美国"秃鹰"气步枪

　　气枪与常见的火器类枪械最大的不同是弹丸动能来源。火器依赖火药等推进剂的剧烈燃烧产生高能量膨胀气体来推动弹丸，动能来源于放热化学反应；而气枪则使用物理手段（气泵）加压的气体喷射弹丸，动能来源不牵涉化学反应。气枪动能产生的气体加压要远远低于火器，因此气枪的威力（枪口动能）通常也大大弱于火器类枪械。

　　气枪根据动力组的设计主要可以分成三大类，即弹簧活塞式、气动式和二氧化碳式。这三种设计在气步枪和气手枪上均有应用。

　　弹簧活塞式气枪的动力组分由螺旋弹簧和活塞气泵两部分组成。使用时通过扳动压簧杆将弹簧压缩，使其蓄有弹性势能；扣动扳机时被压缩的弹簧得到释放，在伸展反弹的过程中推动气泵的活塞在气缸中高速运动，将缸中的空气迅速加压并通过气缸嘴迅速推出至枪膛，进而推动弹丸在枪管内前进。这种类型气枪的枪口初速最高可达 380 米 / 秒，超过标准声速，但是由于铅弹的空气动力学外形导致其速度受到激波的影响较为严重，因而会导致弹丸飞行稳定性下降。

气动式气枪使用内部储存的压缩空气为动力，主要分为压气式和预充气式两种。这两种气枪内都有一个储气腔或者气瓶，利用杠杆活塞或者外部气源为其充气加压，然后再瞬间释放气压来喷射弹丸。

日本制造的二氧化碳气枪

二氧化碳气枪旧称压缩气体枪，但因为如今市面上的产品基本上都使用压缩二氧化碳，因此被概括称为二氧化碳枪。该类型动力也是气动式的一种，通常是将气压势能储存于 12 克容量的压缩二氧化碳气瓶中，这种气瓶通常是一次性使用，但是也有少量可充气式二氧化碳气瓶应用于彩弹枪。二氧化碳气瓶的优点是结构简单并且不需要释压安全阀，其缺点是一次性使用、成本较高，而且工作气压低于预充气动力。

▶▶▶▶ 枪弹的发展趋势是什么

枪弹是决定枪械威力的重要因素，因为枪弹的性能不仅直接影响着枪械的威力，而且其结构、尺寸及膛压大小对枪械结构也有很大的影响。目前，枪弹的发展趋势主要有以下几点。

（1）完善现有装备枪弹的性能。由于今后一段时间内，传统结构的枪械仍将是各国的主要轻武器装备。因此，改善现有枪弹的性能已成为目前许多国家提高轻武器系统效能的主要途径之一。目前各国采取的重要措施包括采用密实装药技术，在不改变药室体积和武器膛压的前提下，增加装药量、提高枪弹初速；采用钨合金等高密度材料弹头提高枪弹的侵彻能力；采用易碎弹体结构，使大口径机枪弹具备穿甲、爆炸、燃烧和杀伤等多种功能。

（2）研究全新结构枪弹。双头（多头）弹或集束箭形弹、无壳弹和塑料弹壳埋头弹，这些非常规枪弹仍具有发展潜力，可能成为提高轻武器系统效能的又一途径。俄罗斯的 12.7×108 毫米双弹头穿甲燃烧曳光弹和穿甲燃烧弹，初速为 750 米 / 秒，能穿透 100 米距离上的 5 毫米厚钢板。奥地利 VEC91 式 5.56×26 毫米无壳弹，弹头埋入硝化纤维发射药柱内，初速可达 1006 米 / 秒。

（3）发展新口径枪弹。枪弹口径的优劣是以武器系统的终点效能、射程和便携性来综合评价的。根据轻武器的作战使命，今后仍会有新口径枪弹出现，例如比利时研制成功的配用于 P90 个人自卫武器的 SS190 式 5.7 毫米子弹，俄罗斯研制的 6 毫米步枪弹。

（4）采用新材料、新工艺。新材料和新工艺的应用可能是枪弹发展的重要趋势。例如美国在 5.56 毫米和 7.62 毫米枪弹弹头上涂覆聚四氟乙烯工程塑料，以增强枪弹对装甲目标的侵彻能力。俄罗斯新研制的 7.62 毫米微声手枪，其消声作用不是通过常见的消声器，而是凭借发射具有消声功能的特殊枪弹实现的。

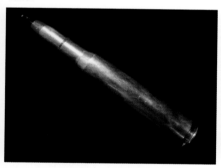

俄罗斯 12.7×108 毫米枪弹

奥地利 VEC91 式无壳弹

枪械弹药为什么要多样化发展

二战结束后，各国枪械逐步呈家族化、通用化的发展趋势，通过提高零件的通用率来减轻后勤压力，提升枪械在战场上的生存力。矛盾的是，经过几十年的摸索，各国非但没有推进弹药通用化，反而通过大量的基础实验来研发不同口径的多种弹药。尤其是自 2010 年以来，新研发的弹药数不胜数，即使是同一口径都有多种弹型。除了具有庞大枪械市场的美国和西欧国家，俄罗斯也开始了新型弹药的研发，目前俄罗斯特种部队已经装备了新研发的微声自动步枪和配套弹药。

事实上，看似复杂的弹药其实有着合理的用途分划。不管是哪种弹药，其最终目的都是达到预期的停止作用。停止作用并不是弹头在人体中减速停止的性能，而是指令目标丧失行动能力的作用。弹头可以对人体的器官、神经系统造成不可逆的伤害，甚至可以冲击人的心理，使其丧失行动能力。不同枪型的使用环境不同，其配套的弹药也就有着不同的口径与不同的设计取舍。

（1）手枪弹。手枪、冲锋枪的弹药一般都是手枪弹，目前各国主流手枪的有效射程是 50 米，冲锋枪的有效射程是 150～200 米，多用于近距离作战。手枪弹的装药量较少，膛压低，因此许多冲锋枪都采用惯性闭锁的原理。由于弹头质量较轻、初速度低，加上其较低的动能，就决定了手枪弹较小的威力，因此手枪弹是非常注重停止作用的子弹之一。将为数不多的动能最大限度地转化为杀伤力是手枪弹要考虑的首要问题，既要保证足够的穿透力，也要保证有效的杀伤力。这个时候难点就出现了，具备一定的穿透力之后，手枪弹就无法将动能有效聚集到对身体器官的杀伤上，停止作用自然就不尽如人意。

为了解决手枪弹过穿透与威力小的问题，国际上出现了许多解决方案，基本都是从弹头与口径上开拓思路。以空尖弹为例，它在射入人体后发生膨胀，对人体结构造成较强的破坏。而有些手枪弹着重近距离对防弹衣的击穿性能，反而采用小口径设计。由此可以看出，仅是通常在近距离使用的手枪弹，都有着如此繁多的种类。

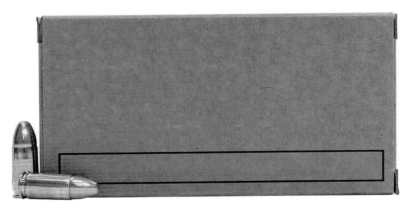

9 毫米北约标准手枪弹

（2）步枪弹。自动步枪的应用相对频繁，弹药的种类更加多样。大多自动步枪的有效射程不会超过 400 米，相对于手枪弹，步枪弹的初速较快、存速能力较强，因此往往具备足够的穿透力与杀伤力。在具备足够的穿透力后，各国又开始研究如何提升杀伤力。由此，在 20 世纪 60 年代，世界范围内出现了换装小口径步枪的浪潮，时至今日各军事强国都是以小口径步枪为主流装备。

小口径步枪弹道不稳定，在遇到阻碍后会高速翻滚，在人体中会形成巨大空腔，尤其是对器官具有极大的杀伤力。小口径弹药质量较轻，精度较高，以美国为首的北约采用 5.56 毫米口径，俄罗斯采用 5.45 毫米口径。即使是同一口径的步枪弹，也具有多种弹型，其中北约具有民用枪械市场的优势，在弹药品种的数量上远超俄罗斯。这些不同的弹药通过改善发射药工艺、改良弹头外形与弹头内部构造取得更佳的性能。

随着防弹装备与光电瞄准装备的普及，一方面单兵防护水平提高，一方面作战距离拉长，小口径步枪弹动能不足的缺陷逐渐开始显现，过去被冷落的 7.62 毫米中口径自动步枪又重新被重视。尤其是近年问世的新型突击步枪，都采用多口径的设计方式，既有小口径型号，也有中口径型号。7.62 毫米弹药动能大，存速性能好，自然就在穿透力与有效射程方面略胜一筹。7.62 毫米口径的弹药重出江湖，并不代表小口径弹药没落了，而是现代战场对步枪弹药提出了更为复杂的要求，步枪弹的体系不得不根据作战需要再次进行扩充。

美国 M193 型 5.56 毫米口径步枪弹

俄罗斯 5.45 毫米口径步枪弹

狙击步枪是对于弹药要求最高的步枪。高精度狙击步枪对精度加工、弹药工艺的要求极高，能自主研发制造高精度狙击步枪的国家很少。当前高精度狙击步枪使用最多的口径为 7.62 毫米，一些国家也装备了为数不多的 8.6 毫米等其他口径的高精度狙击步枪。高精度狙击步枪配备专用的高精度狙击弹，弹壳的延展性、发射药的燃烧情况与弹头的内外构造都会影响射程与精度。随着技术的发展，7.62 毫米弹药的潜力基本都已经被发掘，现代弹道学的研究发现 8.6 毫米口径弹药在射程、穿透力、杀伤力等方面具有良好的性能，一些西方国家已经装备了 8.6 毫米口径的高精度狙击步枪用于中远距离上的精确狙杀。在可见的未来，8.6 毫米口径的弹药将更加普及，并将在作战行动中与现有中、小口径步枪进行用途上的互补。

不同口径的步枪弹（从左至右依次为：7.62×54 毫米 R 步枪弹、7.62×51 毫米北约标准步枪弹、7.62×39 毫米步枪弹、5.56×45 毫米北约标准步枪弹、5.45×39 毫米步枪弹）

　　总体来说，在枪械得到通用化发展的同时，子弹反而向着更为繁杂的体系迈进。这种发展趋势是不同用途与性能的需求，科技进步促成的战争模式转变是弹药发展的根源，未来枪械弹药依旧会朝向多样化发展，这种多样化又是由整个弹药体系所决定的。

▶▶▶ 刺刀是如何发展而来的

　　刺刀又称枪刺，是装于单兵长管枪械（如步枪、冲锋枪）前端的刺杀冷兵器，可用于白刃格斗，也可作为战斗作业的辅助工具。刺刀由刀体和刀柄两部分构成。按形状可分为片形（刀形或剑形）和棱形（三棱或四棱）两种。按其与步枪的连接方式又可分为能从枪上取下装入刀鞘携行的分离式和铰接于枪侧的折叠式两种。分离式刺刀多呈片形，有的刀背刻有锯齿，并能与金属刀鞘连接构成剪刀，具有多种功能。现代刺刀一般刀长 20 ～ 30 厘米，它在近战、夜战中仍有一定作用。

　　13 世纪中叶，火枪传入欧洲，此后，军队出现了大批火枪手。当时使用的前装式火枪，装填和发射 1 发弹药通常需要 1 分钟，所以火枪手往往需要旁边有长矛手提供保护，以防敌方士兵袭击。火枪手自己也需在火枪之外，再配备一把刀剑或一支长矛。16 世纪中叶，欧洲便发明了安装矛头用于刺杀猎物的枪械。

美国海军陆战队士兵在 M4 卡宾枪上安装 M9 刺刀

新西兰海军仪仗队在步枪上安装刺刀

关于真正的刺刀的诞生，欧洲有两种说法：一种说法是由一名不知名的法国人于 1610 年发明的；另一种说法是由法国军官马拉谢·戴·皮塞居于 1640 年发明的。但这两种说法都认为世界上第一把刺刀的诞生地是法国小城巴荣纳（Bayonne），所以欧美把刺刀叫作 "Bayone"。这种最早问世的刺刀为双刃直刀，长约 1 英尺，锥形木质刀柄也长约 1 英尺，可插入滑膛枪枪口。不管皮塞居是不是第一把刺刀的发明人，他也确实是最早将这种插塞式刺刀装备部队的人。1642 年，已成为元帅的皮塞居在率军进攻比利时的伊普尔时为手下的火枪手配备了刺刀，这样就无须再用长矛手来保护火枪手了。但是，插塞式刺刀存在连接不牢、妨碍射击等缺点。法国军事工程师、陆军元帅德·沃邦于 1688 年又发明了用专门套管将刺刀固定在枪管外部的套管式刺刀。1703 年 11 月 15 日，在德国西部的斯拜尔巴赫河会战中，法国步兵首次利用刺刀冲锋，战胜了普鲁士军队。这以后，刺刀开始广泛装备欧洲各主要国家的军队，长矛从武器装备中被淘汰。

后来，各国军队对刺刀进行了多次改进和完善。20 世纪 50 年代后，随着步枪的自动化和战场上各种火力密度的增加，刺刀的作用和地位日趋下降，但它仍是步兵进行面对面格斗所不可缺少的利器。

二战时期美军使用的 M1 刺刀

▶▶▶ 望远式瞄准镜的规格如何表示

　　望远式瞄准镜是光学瞄准具的一种，其光学系统是加上转象系统的开普勒式望远系统。基本结构由物镜、倒像透镜（转像镜）和目镜再加上分划板组成。望远式瞄准镜具有放大作用，能看清和识别远处的目标，适用于远距离精确射击。由于常常用作狙击用途，因此又常常被称为狙击镜。

　　望远式瞄准镜的规格通常用光学放大倍数和物镜直径两组参数来表示，例如"10×50"就代表了10倍放大、50毫米的物镜直径。一般来说，大的物镜由于能收集更多的光线，能提供更长的适眼距（能在避免晕影清楚看见影像的情况下眼睛与目镜间所允许的最大距离），因此目镜的图像更为清晰。固定放大倍数的瞄准镜需要根据具体需求决定放大倍数和物镜直径。

望远式瞄准镜

安装在突击步枪战术导轨上的望远式瞄准镜

有些瞄准镜则具有可变倍率的功能，可以满足不同距离、目标和光线条件下的观瞄需求。例如低倍数放大具有更广的视野。可变倍率瞄准镜的型号表示为最低倍数 - 最高倍数 × 物镜直径，例如"3-9×40"代表可在 3～9 倍变换的 40 毫米物镜直径的瞄准镜。

值得注意的是，历史上德国（以及其他欧洲国家）的老式瞄准镜曾使用另一套描述系统来形容规格。第二段数字不表示物镜直径，而表示采光度。例如一款"4×81"瞄准镜的图像要比"2.5×70"明亮。但是物镜直径与图像亮度没有绝对的直接联系，因为亮度也可以受放大倍数影响。早期的瞄准镜物镜也通常比现代瞄准镜要小，"4×81"的物镜直径大约是 36 毫米，"2.5×70"则大约是 21 毫米。采光度等于出瞳直径的平方，出瞳直径等于物镜直径除以放大倍数，例如 4 倍放大的 36 毫米物镜的采光度就是 $(36/4)^2=81$，其规格也就是"4×81"。

⟫⟫⟫ 反射式瞄准镜和望远式瞄准镜有何不同

反射式瞄准镜虽然也被称为"瞄准镜"，但和望远式瞄准镜的原理不一样，其光学系统比较简单，通常没有放大系统，因此也没有倒像系统。反射式瞄准镜还有另一个名称——红点瞄准镜，因为这种瞄准镜的瞄准标记通常是一个红色或鲜橙色的光点，当然并非所有的反射式瞄准镜都有光点，有些则是十字标线、光环甚至其他造型。

反射式瞄准镜的工作原理为析光镜的凹面上镀有一层或多层析光膜，由照明系统发出的光线通过分划板，然后在析光镜上形成圆点（或圆环等瞄准标记）并反射，以平行光进入人眼，同时人眼透过析光镜看到目标，当瞄准标记与目标重叠时，即可完成瞄准。

光点瞄准镜上的瞄准标记由瞄准镜上的照明系统产生。形成光源的方式有多种，包括电源、自然光、放射性同位素（例如氚、钷）等。电源产生的光点容易调节，可以根据不同的使用环境，调节不同的亮度；自然光是一种节省能源的有效方法，但在光线条件不好时会影响瞄准效果；放射性同位素可以长年工作而不需要更换电池，在夜间使用时效果更好，但要慎重选择放射性材料，目前主要采用氚气。

一个精确度高的光点瞄准镜，其析光镜的曲面是十分讲究的，因为它必须保证即使射手的眼睛不是正对着瞄准镜的轴线，都能保证瞄准标记在弹着点上。这使得反射式原理的光点瞄准镜大受欢迎。20 世纪 90 年代后，各国军队都很重视这种瞄准镜的战术价值，并将其大量配备部队。

反射式瞄准镜

反射式光点瞄准镜通常有两种结构，一种为筒形，另一种为窗式。窗式结构比较简单，但析光镜完全暴露；筒形结构看起来和望远镜式瞄准镜很像，析光镜被安装在筒形镜体内，前后有物镜和目镜作保护。现在有一些光点瞄准镜和望远镜式瞄准镜相结合的产品，即具有放大功能的光点瞄准镜。

通过望远式瞄准镜看到的景象

Part 02

构造篇

枪械有多种分类方法。按自动化程度，可分为非自动、半自动和全自动。非自动枪械，仅能单发，每次装填子弹和发射都是由人工完成；半自动枪械能完成自动装填，但不能连发射击；全自动枪械可利用火药燃气能量或其他非人力外界能源实现自动装填和连发射击。半自动和全自动枪械，统称为自动枪械。

▶▶▶ 枪械为什么大部分是黑色的

现代枪械表面大多呈黑色，这并不是偶然现象。武器表面处理技术是一门具有极高实用价值的基础技术，有着丰富的内涵和现实意义。

首先，枪械的黑色表面，实际上是经过特殊工艺制成的一层黑色的金属氧化薄膜，它可以防止枪械生锈和腐蚀。枪械在使用中受到的腐蚀主要来自两个方面：一是外部因素，即在使用过程中，风沙、尘土、雨雪和空气中的水分等会附着在枪械表面，破坏枪械的材质和性能；二是射击污染，即枪械在实弹射击以后，枪膛、导气孔、气体调整器、活塞、活塞筒受到的腐蚀是相当严重的。这是因为在火药的烟垢中，存在着可以腐蚀钢铁的盐类物质。射击后，这些盐类物质就会附着在零件的表面上，当它们吸收了空气中的水分后，就会产生一种具有腐蚀性的溶液。这种溶液能够慢慢地腐蚀枪膛、活塞、枪机等精密部位。如果这些精密部位被腐蚀，枪械的射击精度就会降低，甚至有可能造成枪械的故障。有了金属氧化薄膜，枪身就能与火药气体、水分和风沙隔开，从而有效阻止金属零件被腐蚀和生锈。

黑色的意大利伯莱塔 APX 半自动手枪

黑色的美国 HTI 狙击步枪

　　其次，从光线角度来说，黑色对光的反射率较低，一方面可以防止反光，起到很好的隐蔽作用；另一方面可以防止瞄准的时候出现虚光，影响射击精度。

　　随着科学技术的发展，人类对枪械产品的外观要求越来越高，而且现在的表面处理工艺也在不断创新，投入工业实际应用的表面处理新技术品种繁多，并日趋成熟。从传统的电镀、氧化、磷化、涂装到高新的激光表面处理、物理气相沉积、化学气相沉积技术、盐浴技术等，都会使枪械的黑颜色更实用、更科学、更美观。

黑色的韩国 K7 冲锋枪

>>>> 枪管长有什么好处

　　枪管为枪械的主要组成部件之一，通常是以耐热不易变形的金属管打造而成，连接在膛室，当子弹被击发的同时，因火药爆炸或气压所产生的膨胀气体，又或其他动力，会推动弹头通过枪管，最后成为高速的投射物射出。如果子弹击发时，高动能的子弹无法顺利滑出枪管，便会造成所谓的"膛炸"，有致命的危险。其原因很多，例如枪支本身的设计不良、枪管粗制滥造、枪管中有足以阻挡子弹射出的障碍物等。其中最后一项可以通过日常保养避免，因此清理枪管是枪支维护的重点工作之一。理论上枪管越长，子弹出膛以后速度越快、威力越大、射程越远。发射药在引爆后，其产生的气体在枪膛内推进弹头，只要弹头不冲出枪管就一直被加速推进，被加速推进的时间越长，出膛速度就会越快。最初枪械只有滑膛枪，子弹在枪管中来回撞击，精度很差，距离一远就难以命中。而现代枪械都是线膛枪，即它们都有膛线。膛线就是枪管内壁上的几道或十几道螺旋的阴线和阳线，它们和弹头配合，在击发后弹头在枪管内按膛线给出的轨道发生转动，最终使发射的弹头绕轴线自转，从而保持子弹发射出去的平稳和运动直线性。这样就可以提高射击的精准度和射程。枪管在一定范围内越长，因膛线所带来的自转速度越大，因此精准度、射程，杀伤力都会大大提高。除此之外，枪管长还可以提高子弹的初速度，提高枪械的射击精度。

美国 M16 突击步枪的枪管组件

膛线的工作原理及分类是怎样的

　　膛线，又译作"来复线"，是现代炮管及枪管的管膛内壁上被锻刻加工成的呈螺旋状分布的凹凸槽，可使子弹在发射时沿着膛线作纵轴旋转，产生陀螺仪效应以稳定弹道，因而能更精确地射向目标。膛线下陷中空的地方被称作阴线或阴膛，凸起部分成为阳线或阳膛，枪支的书面口径通常指的是一条阳线与其正对面的另一条阳线间的距离，因此子弹弹头的直径通常大于枪支的口径。弹丸在膛线的作用下旋转，这与高速旋转的陀螺运动原理相同。弹轴相当于陀螺轴，弹道切线相当于垂直轴，弹丸飞行中的张动角相当于陀螺的摆动角，弹丸的质心相当于陀螺支点，空气作用

90 毫米 M75 加农炮的常规膛线

英国 105 毫米 L7 坦克炮的膛线

于弹丸上的翻转力矩相当于陀螺的重力偶矩。当弹丸在膛内运动时，膛线就会迫使它高速旋转，并且在翻转力偶矩的作用下，除自转外，还以其质心为中心绕弹道切线作圆锥运动，使弹轴与弹道切线始终保持很小的摆动角（弹道学上称为张动角），而不至于翻倒，从而保证了弹丸的稳定飞行。如果枪膛内有膛线，弹头就会在穿过枪膛时产生纵轴自转，使弹头出膛后螺旋转动飞行，通过陀螺仪效应可以保持角动量守恒以增加弹道稳定性、有效射程和终端杀伤力。在以前，线膛武器是不能使用尾翼稳定弹药的。但是弹药技术的提高（滑动弹带、改进型弹托等技术）解决了这个问题。

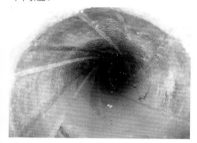
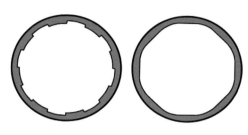

19 世纪法国火炮的膛线　　　　　　常规膛线（左）和多边形膛线（右）

　　膛线主要可以分为两类：阳膛线与阴膛线两种设计，大炮主要使用阳膛线，携带式枪械主要使用阴膛线，阳膛线加工较困难，膛线没有一个既定数目，可有 2 条、4 条、6 条、8 条甚至于更多，但一般常用的有 4 条（手枪、步枪等）、6 条（狙击步枪等重视精度的枪械）、8 条（机枪），另有简化版武器只使用 2 条膛线（比如二战时期英国的斯登冲锋枪和美国的春田 M1903 简化版步枪）。膛线根据旋转的方向可分为右旋、左旋（从射手方向看去），右旋膛线比较普及；虽然膛线的数目没有一个既定标准，但其深度只能在固定的范围内。膛线按截面形状可分为矩形膛线、梯形膛线、弓形膛线、圆弧形膛线、多弧形膛线、多边弧形膛线等。早期黑火药时代膛线普遍比较浅（因为黑火药残渣多，并且使用铅弹头），后来产生多种膛线，当今比较流行多弧形膛线、多边弧形膛线等优质膛线。采用此类膛线，可以提高武器精度和初速，并可减小火药烧蚀从而延长使用寿命。

▶▶▶▶ 枪支的膛线是怎么制造出来的

　　膛线可以说是枪管的灵魂，膛线的作用在于赋予弹头旋转的能力，使弹头在出膛之后，仍能保持既定的方向。虽然在 15 世纪就有使用膛线的记录，但是由于制造工艺的原因，直到 19 世纪该技术才得以普及。现代枪支膛线的制造方法主要有以下几种。

★ **刮刀法**

刮刀法即用一根比手枪内径略细的钢棒，在它的特定部位刻挖一个槽，安装一块硬质合金钢片，钢片上有一条或两条凸出的有一定倾斜角的带状体，前端有利削部，可可调节凸起高度。在一条膛线位置上来回拉动数十次，就可切割出一条阴膛线，然后调整位置再切刮下一条。通过这种方法切奇数或偶数的膛线一般用单刮刀，切偶数的膛线可以用双向刮刀，也可以在相对的位置安装单刮刀、双刮刀或三副刀，这样一次就可切出 2~6 条膛线。

9 毫米口径手枪膛线特写

★ **钩刀拉削法**

钩刀拉削是把钩状切刀安置在比枪膛直径略细的钢拉杆上，钩形刮刀刃的高度可以通过调节拉杆层部的螺丝来调节。每拉动通过枪管一次，拉杆移动几毫米。随着枪管的匀速旋转，便可拉削出一条阴膛线，达到预定宽度后，再换位置拉第二条膛线。早期的线膛枪拉一条阴膛线只要拉削 20 次左右，而一支较好的枪拉削同样的阴膛线要 100 次左右。拉的次数越多，形成的拉槽越细，越精密。

从枪口观察膛线

★ **组合环形刀拉削法**

组合环形刀拉削是在一根拉杆上固定 25~30 个硬质合金钢环，每个钢环之间的距离相等，并有与阴膛线数量相同等距的刮刀，每把刮刀可循其缠角与下一个环上的刮刀相连，从头连到尾部即可视为一条螺形线。每一个环上刀刃的凸出度略大于前一个环，形成一组系列刮刀，所开的槽具有稳定的宽度、深度和间隔，这种组合环形拉削刀通过枪膛一次，则可切削出全部的阴膛线，既缩短了工作时间，又提高了产量和质量。

★ 冷精锻法

　　枪管径向冷精锻成型技术实质上属于精密旋转锻轴工艺类型，是无切屑精密成型的方法。冷精锻工艺是在专业精锻机上，将枪管毛坯件一次锻打出线膛和弹膛，其内膛的精度有芯轴保证。由于精锻工艺可以提高枪管的强度、射击精度，进而提高枪管的使用寿命，减少初速下降幅度，对提高枪械性能起到了关键作用。西方发达国家普遍采用精锻工艺，我国也于 20 世纪 80 年代后引进了这一技术。

▶▶▶ 空仓挂机功能的作用是什么

　　空仓挂机是指枪械发射完最后一发子弹后套筒后坐不复位，提醒射手子弹消耗完毕，需要重新装填。空仓挂机不是自动武器的专利，早在栓动式步枪开始采用垂直供弹的盒式弹仓时其就已经出现了。虽然在缓慢射击时射手可以利用上膛的间隙观察膛内余弹，但是在近距离的急促操作时，空仓挂机无疑大有用处。

SIG P226 半自动手枪及其空仓挂机状态

　　自动手枪几乎都有空仓挂机功能。在单排弹匣时期，手枪弹匣容量非常有限，但射速又很快，实际的交战距离又非常近，有挂机提示非常关键。对于自动步枪或冲锋枪（闭膛待击）来说，空仓挂机功能同样实用。即使两者射击时并不像自动手枪那样能明显观察到枪机运动，但枪机的往复碰撞和重心变化是可以通过抵肩和贴腮部位感受出来的，尤其是在半自动射击的时候。就算因为战斗激烈没有感受到枪机的停止，弹膛检查的步骤也会变得更加简单——在扳机没有响应后，只要侧过机匣看一眼就能判断出枪械停止射击的原因是弹膛射空还是机械、弹药问题引起的故障或哑火，没有必要再拉开枪膛进一步观察，直接就可以进行相应处理。

　　空仓挂机功能也不会使枪械的基本射击操作复杂化。即使是有专门挂机释放机构的枪械，正常情况下也照样可以通过后拉枪机来释放挂机，只要挂机阻铁失去了与枪机相抵的压力，就会随重力自动复位。而对于没有专门的释放装置，必须靠操作枪机释放的挂机机构来说，释放挂机所需的操作行程和力量比完整上膛操作仍然少很多，故对装填动作有所简化。

▶▶▶ 著名的皮卡汀尼导轨有何作用

　　20 世纪 80 年代，随着布基胶带的发明和战术需求的变化，美国、英国等国家开始将战术灯作为应急照明工具配发给士兵。战术灯给夜战带来方便，但容易使射手暴露，因为战术灯发出的耀眼白光太明显了，而且最初配发的战术灯使用起来比较笨拙，开关操作很麻烦。

皮卡汀尼导轨

　　随着时间的推移和科技的发展，零视差的 M68 反射式瞄准镜在 20 世纪 90 年代开始大量配发部队。这种瞄准装置使射手能够瞄准远近任何距离的目标，而且提高了射击速度。紧接着，AN/PEQ-2 红外激光指示 / 瞄准器也出现了，它基本解决了夜战瞄准问题。射手只需要把瞄准器发出的红点投射到目标上，然后扣动扳机就行了。然而，这些装置的出现也带来了新的问题，应该把它们放在枪械的什么部位？用布基胶带固定它们时，如何避免掩盖枪械某些重要部件？这些问题的最终解决方法就是安装导轨系统。

　　美国皮卡汀尼兵工厂发明的皮卡汀尼导轨（美军标准 MIL-STD 1913）使射手可以按需配备武器，以满足不同环境条件的要求。导轨系统最初是为大口径步枪设计的，使其能够安装光学瞄准镜，但是厂商和军方很快发现，除了瞄准镜，在导轨系统上还能置多种附件，例如激光指示 / 瞄准器、战术灯、脚架、卡口固定件、备用瞄准器、定制握把等。

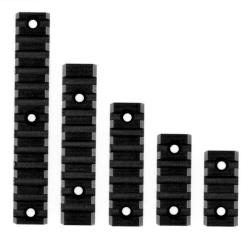

不同长度的皮卡汀尼导轨

　　皮卡汀尼导轨最先装配在美军 M4 卡宾枪上，与其他只能安装一种瞄准具的导轨不同，皮卡汀尼导轨在纵向导轨上加工出一排均匀的横向槽，方便其定位、锁紧，这不仅对安装光学瞄准镜等精度较高的瞄准具更加有益，而且皮卡汀尼导轨的纵向装镜、横向定位、锁紧方式还可在一条导轨上灵活安装多种瞄准具，并使这些瞄准具或附件如原枪配件般地固定在枪身上。

装有皮卡汀尼导轨的突击步枪

由于皮卡汀尼导轨标准统一、结构灵活，不仅能将导轨加装在自动步枪机匣上面，还可加装在前护木的上、下、左、右四面，能妥善合理地将白光瞄准镜、夜视瞄准镜、战术灯、激光指示/瞄准器、摄像头、前握把、两脚架等附件配置在枪械的前护木四周，既使有限的空间得到了合理的利用，又提高了自动步枪的人机工效。因此，皮卡汀尼导轨被很多国家的军队所采用。

▶▶▶ 瞄准镜传统的十字标线有何优点

标线也称分划线，是瞄准镜的重要部分之一，因为它可直接为射手提供可靠一致的目测参照物。利用标线，射手可以校正瞄准角度，也可以估算目标物体的距离和大小。

十字标线是最简单也是最原始的标线，其使用两条分别代表水平轴和垂直轴的交叉线来提供瞄准参照。最初是由天然的毛发、丝线甚至蜘蛛丝制造，现今通常使用可以塑形调整宽度的金属丝或复合材料来制造，或者使用蚀刻在镜片内的墨线。绝大多数现代瞄准镜标线其实都是从十字标线基础上衍生出来的。

十字标线简单廉价、耐用可靠，适合用来瞄准高对比度的简单目标，但是较细的十字标线在复杂背景下会产生看不清的问题。而较粗的十字标线通常不会消失在复杂背景中，但是会遮挡目标图像，并且没有细十字标线的精度高。因为这个原因，现代十字标线设计通常会使用两种方案来应对：一种是目标点或圈标线，也就是在较细的十字标线的中心设置一个相对较粗的准心，或在准心周围设置一个同心圆圈，这样即使看不清十字标线也有瞄准参照；另一种是重叠十字标线，也就是使用较粗的十字标线但在接近中央的区域改为较细（如同粗细两条线叠加起来一样）来追求精度，而且即使看不清准心也可以用周围的粗线迅速目测正中位置。

一些重叠十字标线还可以用来估算距离，例如"30/30 标线"就是（在 4 倍放大的情况下）细十字标线的宽度和高度都是 30 角分，这样射手就能以此为参考估算目标周围的距离。相似的例子还有美国刘玻尔德公司制造的 16 角分重叠

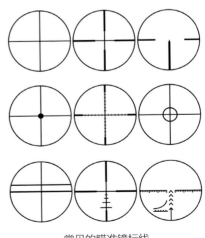

常见的瞄准镜标线

十字标线，在 180 米距离处视野中心相对的两条粗线端点的距离约 83.8 厘米，若已知物体长度约 40 厘米，在瞄准镜中的图像占据了端点至端点的空间，那么物体大约在 90 米的距离外，这样射手就可以补充子弹下坠（通过距离估算）以及补充风偏影响（通过风速仪或旗帜等物品估算）。当然需要注意的是在山坡上射击时有时需要刻意举高或举低，修正时需要知道山坡的斜率。而且单纯依靠没有刻度的十字标线去估算弹道，误差会很大，特别是在远距离瞄准时。

采用十字标线的瞄准镜

光学瞄准镜如何进行视差校正

　　使用光学瞄准镜时，如果目标图像没有处在与标线一致的光学平面上（目标的焦面在标线的焦面前方或后方），就会出现视差效应。在这种情况下，人眼在目镜后方观察位置的细微变化（例如头部稍有移动）都会导致标线和准星移动到目标的不同位置上，使瞄准产生误差，从而影响射击精度。为了应对这个问题，中高端的瞄准镜通常都有视差校正设计，也就是让瞄准镜内部的光学部件可以移动，从而将标线和目标调整到同一焦平面上。视差校正的设计通常有以下几种。

　　（1）可调物镜式（AO）。采用可以移动的物镜组来调整前后焦平面的位置，使其与镜内固定的标线重合。

（2）侧面调焦式（SF）。即采用主管侧面（通常是左边）的拨盘来调整镜管内正像镜组里可移动标线的前后位置，使其与焦平面重合。一些追求能够细微调校的型号会使用较大直径的拨轮，因此也称侧轮式。这种设计比 AO 式设计更复杂、成本更高，价格也更昂贵，但是人机工效更优，这是因为使用者不需要改变射击姿态就可以随意进行调整。

（3）后方调焦式（RF）。这是一种非常罕见的设计，基本上只能出现在固定倍数的瞄准镜上，调焦拨轮与镜管同轴并且处于通常倍数轮所在的位置，可以调整第二焦平面标线的前后位置，使其与目标图像的焦平面重合。在固定倍数瞄准镜上，RF 式设计使用起来比 AO 式设计更方便（因为拨轮位置更靠近使用者），人机功效虽然不如 SF 式设计，但在成本和可靠性方面有优势。

美国海军陆战队士兵使用的 M16 突击步枪装有先进战斗光学瞄准镜

在观测较远距离的目标时人眼位置变化产生的视线角度变化，远小于观测较近距离目标时的视角变化。如果只是用来瞄准远距离目标，瞄准镜即使没有视差校正设计也不会太影响精度。因此，民用市场上大部分用于狩猎的中低端瞄准镜通常只设计有一个固定的最佳视差距离（通常在 100 码），因为狩猎距离通常不会超过300 码（约 274.32 米），对远程精度的要求并不是那么严格。一些比赛用或军用的瞄准镜可能会有固定在 200 码（约 182.88 米）或 300 码的视差设定，在比这个距离稍远或稍近的距离上，即使有细微的视差也不会太影响射击效果。但如果是在凸缘底火枪械、气枪、手枪、霰弹枪和前膛枪这类有效射程较短的武器上使用，视差造成的影响就不可忽视了。因此这类短程武器使用的瞄准镜，通常都要求带有视差校正的设置，有些特殊型号甚至可以把视差设置调整到个位数距离。

配备光学瞄准镜的 HK M27 步兵自动步枪

枪械战术灯与普通手电筒有何不同

自古以来，利用黑夜作战就是重要的战术手段。人类从外界获取的信息中，70% 来自视觉。在黑暗或弱光环境下，士兵的视觉受限，作战必须借助特定的夜战装备，也就是战术灯。

所谓战术灯，就是专门安装在枪身上使用的电筒。只要安装了战术灯，就不用一手持枪，一手拿电筒了。战术灯并不适合执行一般战斗任务的部队使用，因为晚上在野外开灯很容易暴露自身位置。但对于需要在城市暗处执行任务的特种兵来说，就很适合使用战术灯。

最初装备在武器上的强光战术灯被称为卤素战术灯，它是在手电筒基础上进一步强化照明功能的战术灯。主要制作材料包括采用稀有金属作灯丝并高精度缠绕；采用具有耐高温，抗压力特性的石英玻壳，内充高压高纯度的卤素气体——氙气，使战术灯的光效可以达到每瓦 25 流明和接近 3500 K 的色温。

由于人类主要在白天活动，因此眼睛进化为在白天有良好的分辨能力。所以在对黑暗中的物体实施照明时，越接近日光的色温，人类的视觉分辨力就越强。而卤素战术灯的色温在 2500 ～ 3500 K，受原理限制，已经无法再提升，所以并不是理想的光源。

安装在步枪导轨上的战术灯

相比之下，发光二极管（LED）与高压气体放电灯（HID）的色温则都在 6000 K 以上，目视中都已是纯白色的光芒，在同样的亮度下，这两种光源的分辨效果都比卤素灯光更好。目前，世界各国军队装备的战术灯主要采用 LED 光源。将 LED 光源运用于战术灯，需要精确的数码恒流技术来提升发光效率与降低热损耗，所以其技术难度要高于传统的卤素战术灯。但 LED 光源有每瓦 30 流明的光效与高达 6000 K 的纯白色温，以及超长的使用寿命，所以它是比较理想的战术灯光源。至于 HID 光源，由于其技术复杂、成本高昂，所以仅仅停留在大型搜索灯的平台上，除美国军队少量配备外，其他国家的军队极少采用。

由于战术灯多与冲锋枪、自动步枪配装，因此其特殊的工作状态对灯本身的抗震动、抗冲击性有很高的要求。

常见战术灯与半自动手枪的尺寸对比

>>>> **枪械消音器的工作原理是什么**

消音器是一种附加在枪械上的装置，可用来抑制枪械发射时所产生的噪声和火光。消音器通常是一条安装在枪管上的呈圆柱状的金属管，不同的产品具有不同的内部构造，抑制声音的方式也各有不同。

步枪消音器的截面图

绝大多数消音器的工作原理是使枪管内的高压气体在喷出枪口之前相对缓慢地膨胀，由于降低了气体喷出的速度，因此噪声就会显著降低。这个过程就如同慢慢打开一罐碳酸饮料时听到的"嗞嗞"声，而不是通常的"啪"声。有些消音器也会采用和摩托车消音器类似的结构，即通过消音器内部反射面的设计来增加音波的反射，使声音通过散射被消减掉。这种精细复杂的设计自然增加了消音器的设计和制造难度，因为它们需要非常精密的切割和组装工艺。由于这个原因，这类消音器通常体积较大，主要用于为大口径步枪提供强力消音功能。

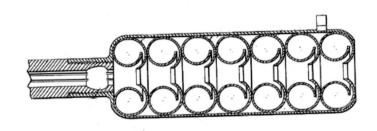

美国发明家海勒姆·帕西·马克沁发明的消音器

在一些电影作品中，消音器可以完全消除武器的声音，这其实是一种误导。实际上，即便使用了消音器，在相当远的距离也仍可听到射击的声音。

装有消音器的冲锋枪、卡宾枪和手枪

大多数消音器可通过将螺纹结构反向旋转而从枪管上拆除，另一些消音器则是和枪管连在一起的，例如那些通过释放出填药气体来降低弹药速度的消音器，只能通过拆除枪管来拆除消音器。这类消音器通常被称为整体式消音器，它们比可分离式消音器更粗，在承受扭力时更不易弯曲。而对可分离式消音器来说，在安装时不能出现丝毫差错，否则就会导致消音器与弹头接触，从而严重影响射击精度，甚至会发生射出的子弹把消音器从枪管上击落的情况。

装有消音器的步枪

　　除了消减噪声，消音器还有其他作用。它能改变射击的声音和声音的散播方式，因而增加了确定射手位置的难度。多数消音器还可有效地减轻后坐力。消音器还可使射出枪管的高温气体迅速冷却，以使从枪管喷出的铅蒸汽的绝大部分在消音器内部冷凝，避免射手及其周围的人大量吸入铅蒸汽。在不使用消音器时，像 M4 卡宾枪这样的短枪管步枪在室内或走廊里射击时的枪声非常响亮，它会使射手和周围的人感觉很不舒服，不仅影响他们的注意力，还有可能对听觉造成永久性伤害。而消音器可降低枪声造成的类似冲击波的压力效应，能有效避免上述问题的出现。

　　使用中央式底火步枪的射手发现消音器带来的许多重要优点要远远超出它在枪体外观、额外重量和枪械平衡性方面造成的负面影响。由于可减少噪声、后坐力和膛口气体，这可使射手能在平静地完成首次射击后不必过多停顿而仔细瞄准进行后续射击。因为能减弱推进气体在弹头从枪口射出时产生的湍流，优质的消音器还有助于提高射击精度。不过，在战地里，如果碰在石头上或是蹭到植物上，这种大而中空的步枪消音器的"钟体"会产生讨厌的巨响而把动物吓跑，所以很多使用者选择给消音器装配贴身的胶皮套筒。

　　军用步枪如 M16 突击步枪，使用消音器也有很多好处。因为诱导气体的排溢，消音器能显著减少后坐力。这些气体的质量只比射体质量的一半稍轻点（前者大约 1.6克，而后者才 4 克），其喷出枪口的速度能达到射体速度的 2 倍，这能使射手感觉到的后坐力减少 50%。消音器的质量一般是 300~500 克，虽然对减少后坐力有些贡献，但是明显偏重的消音器也的确会打破武器的平衡性。消音器还具有一个常被忽视的好处，就是可将射击闪光减少 90%。如果战斗发生在夜间的话，通常会训练士兵辨识射击闪光，而在战斗时他们会朝出现闪光的位置开枪。军队配发给士兵的消音器和他们的步枪配套的消音器都有着常被忽视的缺点，就是其质量和长度。对 M16 步枪来说，这增加了 380 克的质量和 10 厘米的长度。对打靶来说消音器也很有用，因为减少噪声能防止枪械对使用者耳朵的损伤。

装有消音器的手枪

▶▶▶▶ 枪械消焰器主要有哪些类型

消焰器指装置在枪口的部位，发射时减少膛口火光的装置。膛口安装消焰器后，一部分没燃尽的火药微粒在流入消焰器后得到燃烧，因此减少了一次焰。同时氧化不完全的气体在消焰器内，使二次焰在消焰器内部形成，不致暴露在外界，从而达到隐蔽枪手的目的。

枪（炮）口焰统称膛口焰。膛口焰是从膛口流出的高温火药燃气因热辐射以及与可燃混合气体燃烧而产生的可见光，其既有物理属性也有化学属性。从物理属性上看，火药燃气因有足够高的热量而辐射发光；从化学属性上看，它经历了燃烧过程。

膛口焰按产生的时间和空间的顺序可分为五种，即前期焰、初次焰、膛口辉光、中间焰和二次焰。其中初次焰、中间焰和二次焰具有一定的独立性，是消焰器抑制的主要对象。初次焰是指刚出膛口的火药燃气因热量非常大、温度非常高而辐射出的可见光。中间焰是指燃气通过激波管后，原来已膨胀的燃气又经过激波的压缩，压力和温度突然升高，因而产生燃烧的可见光。二次焰是指火药燃气在膛口气流区外围的紊流区，与周边空气混合后燃烧产生的强烈火光，这是膛口焰中最强烈的一种。

瑞士 SIG SG 550 突击步枪的消焰器

由膛口焰产生的原因可知，抑制膛口焰主要是避免或限制膛口火药燃气产生的激波加热和燃烧。因此消焰器的原理就是首先使火药燃气在消焰器内充分膨胀，降低出口处的压力和温度，以减小初次焰。同时使火药燃气通过膨胀、收敛和分流等过程，改变火药燃气在消焰器出口的状态，破坏或减弱激波，以减小或消除与周边空气混合燃烧的程度，达到减弱或消除中间焰和二次焰的目的。

一战和二战期间，对消焰器的研究一直不曾间断，但进展不大。这时的消焰器主要是锥形的，它曾被广泛地应用在机枪和小口径火炮上，例如捷克 ZB26 轻机枪和 ZB53 重机枪采用的消焰器，以及苏联 DP 机枪、德国 MG34 和 MG42 机枪的消焰器等。MG34 和 MG42 机枪的消焰器还兼有助推器的作用，它是靠枪口端的一个小气室使高压燃气对枪管起助退作用的，这是管退式武器中常见的一种形式。这时的消焰器性能均不理想，其主要原因是当时人们对枪（炮）口焰产生的机理了解不够，同时也缺乏必要的测试手段。二战后，美国、联邦德国和苏联等国对膛口焰的形成机理及抑制技术做了长期系统的研究。这一时期，除了改进锥形消焰器外，还出现了其他各种类型消焰器。现代消焰器已能较显著地消除膛口焰，有的甚至在夜间射击也不易暴露阵地。

装有消焰器的德国 MG34 通用机枪

按照消焰器的结构特点，可将消焰器大致分为以下几种类型。

1）锥形遮光罩

这是一种圆锥张角大而短的锥形膛口装置，因其圆锥张角大，使出口的火药燃气膨胀度大，压力、温度下降较快，从而减小了初次焰和膛口辉光。但也因其锥角大尺寸短，使消焰器出口处产生了较强的激波，反而加大了中间焰和二次焰。由于其消焰效果不佳，后来被锥形消焰器所取代。

2）锥形消焰器

锥形消焰器，其结构与锥形遮光罩看似相同，但其圆锥角小，锥形尺寸长，这从根本上克服了锥形遮光罩的缺点。因激波强度与膛口的锥度有关，出口锥角越大，产生的激波越强，激波波阵面后的温度和压力也越高，因而对消焰不利。实验证明，当锥角处于 8°～20° 时激

德国 HK G36 突击步枪的消焰器

波的影响较小，因此过去锥形消焰器的锥角一般都在这个范围内。由于消焰器的锥度有限制，长度也不能太长，为了增加膨胀度，增强消焰效果，在消焰器侧壁上开许多小孔，使部分气流自侧孔排出，这样就加大了总的膨胀度。

3）圆柱 / 筒型消焰器

圆柱形消焰器内截面积较大，燃气能充分膨胀，使温度容易降低，这是对消焰有利的一面；但火药燃气从枪口进入消焰器是突然膨胀，容易产生激波，而且截面越大激波越强，故对消焰不利。因此要合理选择内径尺寸。为了改善消焰效果和减小内截面积，在圆柱形消焰器侧壁上开长槽或孔，消焰效果良好，在圆柱形消焰器的底部开有向后的通气道，这种前后贯通的消焰器就叫筒形消焰器。苏联 3У-23 双管高炮就采用这种消焰器。在底部开孔，是为了避免双炮管上 2 个消焰器排出气流的相互干扰，从而影响射击精度。这种消焰器也是通过改变燃气的膨胀速度和流向，控制激波强度，以达到减小中间焰和二次焰目的，但也容易点燃消焰器筒内的混合气体，增大初次焰，所以消焰效果不够理想。

使用 M16A2 突击步枪的美军士兵

4）叉形消焰器

叉形消焰器是二战后发展起来的，美国 M16 突击步枪早期型采用的就是这种消焰器。叉形消焰器的内腔一般有锥形过渡段，其内角约为 20°，叉的数目大多为奇数，以免产生共振。火药燃气在叉形消焰器中先经锥形段稳定膨胀，再经圆内腔和若干条缝槽连续膨胀，后经侧孔和前孔流出。这样叉形消焰器就可控制燃气的膨胀速度和流量，削弱激波，有效地削减中间焰和二次焰。适当选择叉条和缝槽的尺寸和方位，还可使消焰器兼有制退和防跳的作用。

5）组合式消焰器

组合式消焰器也是二战后出现的新型消焰器，其综合利用上述几类消焰器的特点，将其中 2 种或 2 种以上的结构组合起来，故称为组合式消焰器。这类消焰器一般兼有制退、防跳或消音的功能。其种类较多，有圆锥狭缝组合消焰器、混合狭缝组合消焰器、收敛狭缝组合消焰器、收敛锥形组合消焰器、多腔锥形组合消焰器和收敛扩张锥形组合消焰器等。圆锥狭缝组合消焰器是锥形消焰器和叉形消焰器的组合，其外形为圆柱状，内腔为圆锥形，侧面开有狭缝纵槽，纵槽由里向外有一定张角。该装置集中了锥形和叉形两种消焰器的优点，尺寸不大但消焰效果良好。狭缝侧流使其兼有制退作用，采用不对称的下方不开槽结构又可起防跳作用。美国和欧洲各国的步枪、冲锋枪和机枪均广泛配置这种消焰器，如美国的 M16A1 突击步枪、M16A2 突击步枪和轻机枪以及英国的 L1A1 半自动步枪等。

美军 M240 通用机枪在夜间开火时会产生明显的枪口焰

枪口制退器的功效有哪些

枪口制退器是一种减小枪口后坐能量的枪口装置。制退器后喷的火药燃气能产生较大的冲击波、声响和火焰，容易对射手造成伤害，故在手枪、冲锋枪上较少使用，多用于大口径机枪。

　　枪口制退器装在枪口，将部分排出的废气改为后喷，提供向枪口前方的推力，以抵消部分后坐力，装上后枪口向两旁的喷气以及噪声都会增加。

　　枪口制退器的另一种作用是抑制枪口上扬，这对于重新瞄准非常关键，尤

AK-47 突击步枪的枪口制退器

其是对自动武器来说。一般步枪的后坐力可以由射手控制（例如缠绕枪背带），显然效果不是很理想，因此自动武器或者是大口径枪械对于制退器的依赖可想而知。

装有枪口制退器的 M2 重机枪

　　枪口制退器的主要作用是减小射击时自枪口高速射出的弹头和火药燃气的反作用力所造成的枪身后坐力。其外形一般为圆柱形或圆锥形，内部有制退腔，火药燃气在其中膨胀，有的制退腔被隔板分成几个室，称为制退室。其前方有中央孔道，以便弹头通过，侧方有若干边孔，边孔道与枪膛轴线呈一定夹角，火药燃气经边孔喷出枪外。

　　枪口制退器减少了火药燃气经中央孔道向前喷出的冲力及速度，降低了火药燃气对枪身后坐的加速作用；部分火药燃气向前冲击制退器内壁并从边孔道向侧后方喷射，对枪身产生向前的反作用力，进一步削弱枪身的后坐力。制退器效率一般以

其减少的后坐冲量（或后坐能量）与枪械原有的后坐冲量（或后坐能量）之比来确定。它的大小与制退器的直径、长度、锥角、边孔道倾角及面积等有关，有的制退器效率可达 30% 以上。

士兵使用的巴雷特 M82 狙击步枪装有指向性的枪口制退器

枪拉机柄被设计在枪右侧有什么特殊意义

枪械属于危险系数较高的机械，而且其本身附带有极高的危险因素，所以设计时，对于其自身的安全性，要求也是非常苛刻的。

对于上膛的拉柄，其设计位置于左还是右，从设计师的角度来看，在结构上没有任何区别，唯一能够影响它置于左还是右的因素，就是安全性。

日常生活中，对于精确控制的操作和用力较大的动作，我们大多数人都习惯用右手，包括举枪射击也一样，故而设计师会认为士兵有极高的概率是用右手扣动扳机的。

如果这个时候，设置的上膛动作，可以使用左手，必然会在一些特殊和危险的场合，导致右手还在扳机位，而左手去上膛，这样的操作极易造成误扣扳机走火。在战场上执行特殊任务时（如隐蔽狙击等），这样由设计导致的操作失误，极有可能造成极其严重的后果。走火导致的误伤、提前暴露、延误战机，以及枪械炸膛、卡弹，都是致命的危险。

MP5 冲锋枪右侧持枪特写

因此，将枪拉机柄设计在右侧，士兵更多的时候会使用右手去拉，当拉柄被拉动的时候，扳机位就不会被误触。

MP5 冲锋枪拆解图

MP5 冲锋枪

　　不过对于 HK 公司生产的 MP5 冲锋枪等一类采用半自由枪机、滚柱闭锁的枪械来说，由于其结构限制，不在机匣上安装拉机柄，因此将拉机柄安装在前护木位置。对于惯用右手的射手而言，用右手持枪，左手拉动则更为顺手，因此这类枪械的拉机柄被设置在左侧。

　　但是，现在也有越来越多的枪械将拉机柄设为左右手通用，部分枪械还配上了可更换方向的抛壳窗，大大提高了其适用性。

MP5 冲锋枪侧面特写

手枪的保险装置有何作用

手枪的保险装置是为了让手枪正确射击而不因错误的操作动作导致误击发或走火的一种保险装置。不同的手枪射击结构不同，保险设计思路也不同，因此保险装置并不一样。

M1911 手枪及其弹药

以美国 M1911 手枪为例，它的保险装置包括手动保险、握把保险、半待击保险。手动保险钮位于枪身左侧后上方，将保险钮推到上方，保险钮进入套筒的缺口内，可以限制套筒的前后移动。同时，保险机的内凸轮面与阻铁啮合，可限制阻铁向前回转，这样，虽扣动扳机却不能释放处于待击位（阻铁上部突齿卡入击锤待击槽内）的击锤。手动保险能确实锁定套筒和待击的击锤，保证手枪携行待击的安全。M1911 手枪的手动保险钮必须大小适中，以利于隐蔽携带或战术应用，拔手枪时也不会钩挂衣物。握把保险位于握把持握虎口处。在弹簧力作用下，握把保险自动处于保险位置，此时握把保险凸齿会抵在扳机连杆上，限制扳机连杆后移，使扳机扣不到位。只有虎口压紧握把保险，使握把保险凸齿与扳机连杆脱开，扳机连杆才能自由向后移动，进而将扳机扣到位。有些人觉得手枪上不必要设置握把保险，其实自卫手枪有这种保险更安全。

手动保险柄只能设置在枪身外部，很多人并不习惯，因其不太适合于隐蔽携行和紧急状态下出枪，所以有的手枪就没有设置手动保险柄。例如著名的格洛克手枪，其内部保险由 3 个保险机构组成，分别是击针保险、扳机保险和防跌落保险。击针保险采用常规保险设计，而扳机保险是格洛克手枪的一个特色。扳机保险位于扳机中间，呈片状结构，与扳机连杆构成一个整体部件，只有在扣动扳机时才能使之解脱所有的保险机构。而一旦手指离开扳机，手枪随即处于保险状态。防跌落保险是通过扳机连杆后端的"十字架"结构实现的，能防止手枪在跌落时由于猛烈的撞击造成扳机和扳机连杆在惯性作用下后移而击发。

奥地利格洛克 34 手枪

除此之外，还有的手枪不设置手动保险柄，完全依靠内部设计的全自动保险来保障安全。这种手枪的代表就是瑞士西格手枪，例如著名的 SIG P226 手枪，该枪依靠套筒后的全自动保险装置来确保携行安全。在握把左上方装有待击解脱杆，当膛内有子弹、击锤处于待击位置时，压下此杆，就可以解脱击锤，使击锤向前回转，最后被阻铁卡住。此时虽然击锤在前方，但仍与击针保持一定距离，因此可以保障携枪安全，不会出现误击发现象。

瑞士 SIG P226 手枪及弹匣

左轮手枪如何实现连发射击

　　左轮手枪可分为单动左轮手枪和联动左轮手枪。单动左轮手枪为传统左轮手枪，其通过扣动扳机带动弹巢旋转到位，然后触发击锤，最后击锤需要手工扳回到待击发的状态实现连发。简单来说，射手的动作完成速度决定开枪的速度。

纳甘 M1895 左轮手枪及使用的子弹

左轮手枪开火瞬间

联动左轮手枪为新型左轮手枪，其通过扣动扳机来触发一系列机械装置，在转动弹仓的同时，使击针触发子弹实现连发射击。具体过程为首先扳机杆向后推动击铁，击铁后移时，会压缩枪托（枪柄）里的一根金属弹簧。同时，附在扳机上的制转杆会推动棘齿来带动旋转弹膛旋转，这可以将下一个后膛弹腔转到枪管的前面。另一根制转杆嵌在旋转弹膛上的一小块凹陷处，这会将旋转弹膛停在特定位置，以便它与枪管完全排在一条直线上。当一直向后推扳机杆时，它会释放击铁。压缩的弹簧将击铁向前弹出。击铁上的撞针一直贯穿整个弹仓，并能撞击到雷帽。雷帽爆炸，就会点燃推进剂。推进剂燃烧后会释放出大量的气体，气压会驱动弹头飞出枪管。此时，气体还会导致弹壳膨胀，暂时封住弹腔，所以膨胀的气体都会向前推而不是向后压。

弹巢开启后的左轮手枪

冲锋枪采用包络式枪机有何优点

包络式枪机（又名伸展枪栓，英语 telescoping bolt 或 overhung bolt）是指将枪机的一部分"延伸"至枪管尾端前方，"包裹"住部分枪管的设计。一般常见于采用自由枪机、自动方式的冲锋枪上，尤其是采用将弹匣置于握把内（这种布局可以保持枪械平衡，使之具有手枪般的快速指向性）的紧凑型冲锋枪。

众所周知，采用自由枪机、自动方式的武器并没有实际的"闭锁"结构，是依靠大质量枪机和足够强力的复进簧来抵消火药燃烧产生的瞬间压力来保证武器安全运转的。同时，为避免过高的射速，设计师往往会额外加重枪机。所以，这类武器都有一个体积和质量相对较大的枪机。自由枪机式武器的常规布局是将整个枪机部件都置于枪管尾部之后。这样的设计存在两个弊端：首先，要求较长的机匣以容纳复进簧和枪机，并保证它们有足够空间运转。其次，武器重心靠后，有"头重脚轻"的倾向。

包络式枪机将枪机的相当一部分金属移到了枪管尾端的前方（"包"住了一部分枪管，"包络式"因此得名），在保证枪机质量的同时，能节省出一些宝贵的机匣空间（或者说，机匣可以造得更短），并有将重心前移的作用。

乌兹冲锋枪

历史上第一种正式采用包络式枪机的冲锋枪是捷克斯洛伐克在 1948 年配备的 VZ 23 系列，其采用了圆筒型机匣的包络式枪机配中置式枪管。而最著名的包络式枪机冲锋枪则是以色列改良自 VZ 23 系列、配长方形冲压机匣的"乌兹"冲锋枪，自此包络式枪机开始影响多种冲锋枪的设计理念。

伯莱塔 M12 冲锋枪

　　由于包络式枪机具有令枪械尺寸更为紧凑的优势，所以被大量紧凑型冲锋枪所采用。这类武器没有独立的弹匣槽，弹匣藏于握把内，体积较常规布局紧凑。同时，枪械重心保持在握把位置，提高了快速交战时的指向性，但由于握把与护木间距离较短，在高射速连发时枪口跳动将更为严重且较难控制。弹匣藏于握把内也导致无法完全以并联方式连接弹匣。当然，常规布局武器也可受益于包络式枪机设计，如伯莱塔 M12 系列冲锋枪。

▶▶▶ 冲锋枪主要配用手枪弹的原因是什么

　　按照《兵器工业科学技术辞典——轻武器》中的定义，冲锋枪是"单兵双手握持发射手枪弹的轻型全自动枪"。根据这个定义，"发射手枪弹"和"轻型全自动"是冲锋枪的主要特点，我国对冲锋枪的划分方法也习惯以这两个关键定义作为分类标准。

　　冲锋枪为什么要使用手枪弹？这要从冲锋枪的起源说起。一战后期，德军将领奥斯卡·冯·胡蒂尔为了打破堑壕战的僵局，首创步兵渗透战术。经过特种训练的德军突击队跟随延伸的炮火从敌军防线薄弱处渗透，避开坚固要塞，不与守军纠缠，而迅速向纵深突插，破坏敌军的指挥系统和炮兵阵地。新战术要求突击队员具有良好的机动性和猛烈的火力，笨重的毛瑟步枪自然就不能满足要求了。

奥斯卡·冯·胡蒂尔

　　因此，德国人就设计了一种手枪与机枪的结合体——冲锋枪，它比步枪短，火力与机枪一样凶猛。因为冲锋枪的设计思路就是追求近距离的猛烈火力，所以射程不必太远。当时的步枪弹着眼于大威力和远射程，普遍口径偏大、装药偏多，所以后坐力大、操作要求高，不符合冲锋枪的设计要求；手枪弹后坐力小，连发时易于掌握，是冲锋枪弹药的不二之选。世界上第一把真正意义上实用的冲锋枪是德国 MP18 冲锋枪。

　　二战时期，苏联武装部队之所以普遍装备冲锋枪，是因为冲锋枪射击手枪弹，平稳可靠，即使训练不足也能使用。然而，冲锋枪射程短一直为人所诟病。20世纪中期，发射中等威力步枪弹的突击步枪的出现，使冲锋枪的发展受到影响。20世纪70年代以后，由于小口径突击步枪（特别是短突击步枪）异军突起，冲锋枪的发展面临着严峻的挑战。甚至有些专家断言：使用手枪弹的常规冲锋枪迟早要被轻型化的突击步枪所取代，冲锋枪已经完成了它的历史使命。然而，冲锋枪所担负的战术使命不可能完全由小口径突击步枪来完成，这就决定了冲锋枪不可能马上退出历史舞台。

　　值得一提的是，冲锋枪属于短管枪械，手枪弹可以保证在弹丸射出枪口时发射药尚未燃尽或刚好燃尽。手枪弹的装药量是经过严格计算和试验的，适用于使用该弹种的各种枪械。同样的子弹用于手枪则由于枪管更短，弹丸射出更快，部分发射药未起到对弹丸的加速作用而白白燃烧。所以，尽管发射的手枪弹相同，冲锋枪的射程和威力却超过了手枪。

德国 MP18 冲锋枪

▶▶▶▶ 步枪采用无托结构有何优势

　　无托结构步枪是步枪史上的重大变革，其并不是真正"无托"，而是有一个内部构造更为复杂的"枪托"——机匣。也就是说，去掉了传统的枪托，直接以机匣抵肩。这种结构实质上是将机匣及发射机构包络在硕大的枪托内，握把前置，弹匣和自动机后置，从而在保持枪管长度不变的条件下，缩短了全枪的长度。这是无托结构最为显著的特点。

FAMAS 突击步枪

　　由于直接以机匣抵肩，因此在结构布局上构成了枪管轴线与主支撑点在一条直线上的"直枪托"。直枪托的优点是射击产生的后坐力在一条直线上传递，枪管上跳或摆动的力矩几乎为零，加上采用弹道低伸的高初速小口径枪弹，使射击精度比传统步枪有所提高。由于放弃了传统的枪托，使步枪在结构布局和人机工效的双重要求下，缩短了全枪长度，但高度和宽度有所增加。由于握把前置于枪身中部，使枪身前后的质量接近，全枪的重心刚好在握把附近，射手单手持枪也很轻松。由于"无枪托"设计，射手在持枪瞄准射击时，腮部可直接贴在机匣盖上（机匣内部的自动机频繁运动），因此要在此处加上厚实的外护套。同时，为使全枪协调一致，护木等部位也要相应加厚。这些部位加厚也有好处，加厚的外护套厚，特别是大量采用增强尼龙注塑成型的外护套，可增强步枪抗跌落、抗磕碰的性能。此外，对握持的舒适性和射击的稳定性也有帮助。

斯泰尔 AUG 突击步枪

IMI TAR-21 突击步枪

　　无托步枪自问世以来，之所以受到一些国家军队的青睐，主要是因为它具有突击步枪的威力和近似冲锋枪的长度，特别适合在狭窄空间和复杂地形条件下使用。但是，由于其结构及外形方面的限制，无托步枪也存在以下缺点：一是射手眼睛在抛壳窗后上方，射击时溢出的火药燃气会刺激眼睛；二是不利于充分利用地形地物发挥火力，例如利用右墙拐角进行反手射击；三是后置弹匣往往受射击阵位限制，仰角或俯角射击不便，等等。

SA80 突击步枪

现代步枪为何采用工程塑料代替实木

　　步枪问世之后，除了钢材制造的枪管和枪机之外，木质材料仍然占据步枪组成的相当部分，例如步枪的护木、握把、枪托等仍然多用木材制造。因为步枪在历史上大多数时间内都是一种比较重要的武器，所以很多传统的步枪制造商都会使用比较名贵的木材来制造步枪部件，典型的有胡桃木、桦木、红松木等。

　　使用木材制作步枪部件的优点很多，因为木材的隔热性较好，可以有效解决枪管和枪机在连续射击后的热传导问题。在热带以及寒带极寒条件下，木质材料也有优势。当外界的气温高于50℃，或者冬季寒带气温低于零下20℃时，金属材料要么非常烫手，要么直接粘在手上拿不下来，而木质材料可以完全避免此类问题。胡桃木等名贵木材花纹美观，持握起来手感舒适，而且强度较高，即使长期使用也不会开裂变形。因此，直到二战前，大多数步枪的护木和枪托仍然是天然木材制作的。不过到了二战期间，激烈的战争导致枪支弹药的消耗极大，名贵木材不敷使用，因而在苏联等枪械生产大国，开始用胶合板等材料制作护木和枪托。但胶合板制作的护木和枪托显然不如名贵木材美观、可靠，使用不久就会开裂，遭到使用部队的抱怨。二战后，苏联仍然维持大规模战争必然大规模消耗的军备思想，仍然大批量地采用胶合板制作枪托。后来又出现了金属制作的折叠枪托，但是使用体验远不如木质枪托。

大量采用木质材料的德国 Kar98K 手动步枪

　　虽然木质枪托和护木优点较多，但也存在缺点，例如质量较大，采用木质枪托和护木的步枪很少有轻于 3.5 千克的，这在战争期间对士兵来说是一种不小的负担。二战后，欧美国家纷纷开始采用工程塑料代替原来的木材及其他材料。工程塑料是可作工程材料和代替金属制造机器零部件的塑料。工程塑料具有优良的综合性能，其刚性大、蠕变小，机械强度高，耐热性好，电绝缘性好，可在较苛刻的化学、物理环境中长期使用，因此可替代金属和实木作为枪械的结构材料使用。

大量采用工程塑料的奥地利 AUG 突击步枪

采用工程塑料制作的枪托和护木，其手感和木材相似，耐热性、耐寒性、耐腐蚀性均不亚于木材，而其质量远轻于胡桃木等木材，对枪械的减重效果非常明显。工程塑料还有一个巨大的优势，就是可以用模具快速地注塑批量生产，生产效率远远高于木材的批量加工。因此，现今各国军队的主流突击步枪，其枪管和枪机以外的部分，大多使用新型工程塑料制作。奥地利生产的 AUG 突击步枪，除了枪托、护木、握把和弹匣，其余部件都采用了工程塑料，包括内部受力的击锤、阻铁、扳机等。这样一来，甚至连枪机枪油都省了。

大量采用工程塑料的以色列 TAR-21 突击步枪

▶▶▶ 旋转后拉式枪机的分类及特点有哪些

主流的旋转后拉式枪机可分为三种，即毛瑟式、李一恩菲尔德式和莫辛一纳甘式，三者的不同在于枪机与机匣间的结构及运作方式，李一恩菲尔德式的旋转和后拉动作可同时进行，莫辛一纳甘式的枪机操作所需力量最多，毛瑟式的设计则比较平衡。

1）毛瑟式

毛瑟式枪机首次使用在 1898 年开始生产的毛瑟 Gew98 步枪上，之后也在毛瑟兵工厂的其他步枪上使用，包括二战时期的 Kar98 步枪。毛瑟式枪机比李一恩菲尔德式枪机更结实，可发射更高压的弹药（例如玛格南中央式底火弹药），但射速低于李一恩菲尔德枪机。

毛瑟 Gew98 步枪

毛瑟式枪机在推出后一直是旋转后拉式步枪的常用设计，时至今日仍被很多手动步枪所采用，例如雷明顿 700 系列步枪、温彻斯特 M70 运动步枪、M40 狙击步枪、M24 狙击步枪等。

雷明顿 700 步枪

Kar98 步枪多角度鉴赏

温彻斯特 M70 运动步枪

M40 狙击步枪

2) 李—恩菲尔德式

李—恩菲尔德式枪机首次出现于 1889 年的李—梅特福步枪及李—恩菲尔德步枪上。李—恩菲尔德式枪机的特点是旋转和后拉动作同时进行，而且动作十分顺畅，经过训练的射手可保持很高的射速，但无法发射更高压的弹药。现在只有李—恩菲尔德步枪的衍生型仍采用这种设计技术。此外，有些步枪采用毛瑟式枪机及李—恩菲尔德式枪机的混合式设计，例如瑞典毛瑟步枪、恩菲尔德 P1914 步枪、恩菲尔德 M1917 步枪等。

恩菲尔德 M1917 手动步枪

3）莫辛—纳甘式

莫辛—纳甘式枪机于 1891 年首次使用在莫辛—纳甘 M1891 步枪上，特点是机头无法与枪机分离，枪机操作时所需力量较大，不太顺畅。莫辛—纳甘 M1891 步枪主要发射 7.62×54R 弹药，无法发射高压的玛格南弹药。但其可靠性较高，二战时期生产量极大，有一部分直到现在仍能正常使用。

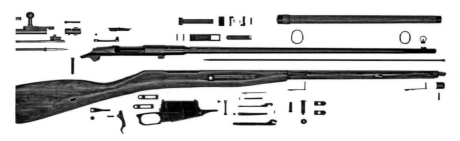

莫辛—纳甘步枪拆解图

▶▶▶▶ 狙击步枪前后串列两个瞄准镜有何作用

二战时期，因为缺乏专业的狙击步枪，部分被当作狙击步枪使用的精确步枪会以并列的方式安装两个瞄准装置，通常一个为制式机械瞄准具，另一个为外部临时加装的瞄准镜。现代狙击步枪通常没有必要使用两个瞄准镜，但有的时候会前后串列两个瞄准镜。其中，正常位置安装的是光学瞄准镜，前方枪管支架上安装的是红外瞄准镜或微光瞄准镜，用于在暗夜或无光条件下进行瞄准，其只有观察作用，不能代替光学瞄准镜进行瞄准。

装有光学瞄准镜的俄罗斯 SVD 狙击步枪

装有光学瞄准镜的英国 AWM 狙击步枪

光学瞄准镜的作用是放大目标，使远距离的精确射击可以更加容易实现。根据用途与武器的区别，光学瞄准镜的倍率通常为 2~10 倍。倍率更大的瞄准镜不是没有，而是因为倍率过大的瞄准镜，射手长期使用会造成视觉疲劳，而且高倍率的瞄准镜搜索敌人更困难，稳定瞄准需要更长的时间，更加沉重且体积更大，对于狙击手的要求也更高。二战时期使用的瞄准镜通常就是"圆筒＋光学镜片"，具有多个分划，射手需要根据距离，选择不同的分划。现代的瞄准镜就要精密多了，一般都会允许射手调整放大倍率、聚焦距离、弹道补偿、左右风偏、照明亮度，让射手能够以最舒服的姿态去瞄准。

微光／红外瞄准镜和一般人印象中的光学瞄准镜不同，这种瞄准镜其本质是将微弱的光学信号放大（微光），或将人体与装备散发的红外线转换成人体所能看见的光（红外）。微光／红外瞄准镜没有出瞳距离也没有分划，所以可以和光学瞄准镜串联使用，为普通的光学瞄准镜增添了夜视能力，或是在夜间更容易找到作为热源的敌人。但是微光在白天完全是画蛇添足，而且因为太阳的暴晒，所以人体与周围环境的温度差异也很难被枪载的小型热成像瞄准镜所区分，因此一般情况下微光／红外瞄准镜都只会在夜战中，或某些特种作战条件下使用。

前后串列两个瞄准镜的狙击步枪

>>>> 轻机枪上置弹匣设计为何被淘汰

　　一战后，机枪开始向轻型化、精确化方向发展，轻机枪开始大规模装备到班一级单位。二战时期，大部分轻机枪都采用上置弹匣供弹，包括英国布伦轻机枪、捷克斯洛伐克 ZB26 轻机枪、日本九九式轻机枪等。这些轻机枪的供弹口都在枪身上方，使用弹匣或漏夹从上方供弹。主要原因是这种轻机枪的结构比较简单，如果发生供弹故障，士兵掀开顶盖，就可以快速维修。上置弹匣也便于快速更换弹药，其速度是下置弹匣所无法比拟的。此外，上置弹匣可以大幅降低火线高度，降低轻机枪脚架高度，这是机枪手的生命线。

不过，上置弹匣设计也有明显的缺点。首先是射界受阻，巨大的弹匣正好位于枪身正上方，挡住了射手视线，只能将瞄准基线置于枪身左侧。这种设计让用惯了步枪的射手很不习惯，在瞄准时总是不自觉地向右偏移，导致弹道跑偏。其次是供弹口朝上敞开，在炮火纷飞的战场上很容易进入砂石等异物，导致供弹不畅，这是非常致命的缺点。著名枪械设计师约翰·勃朗宁在设计轻机枪时就意识到了这个问题，所以他将弹匣下置，降低护木上方高度，从而尽量降低了火线高度。

布伦轻机枪

二战后，机枪开始向通用化方向发展，不再使用上置弹匣而改用弹链、弹鼓或弹箱供弹，故而上置弹匣也就渐渐被淘汰了。

ZB26 轻机枪

九九式轻机枪

 重机枪配备盾牌的作用是什么

  1851 年，比利时工程师设计出世界上第一挺机枪，它在普法战争中的出色表现引起了西方国家的普遍重视，但与现代机枪的性能还存在很大的差异。而美国在1884 年制造出世界上第一支能够自动连续射击的机枪，其性能就与现代机枪十分相近了，并且因此成为实战中首次大规模使用的机枪。

  凭借强大的火力压制能力，机枪在战场上被世界各国军队广泛使用，它是为了满足连续发射子弹而设计的武器，在战场上可以通过快速发射的子弹对敌军阵地进行扫射。之后机枪还装备在装甲车、飞机等机动装备上，为机枪配备上高机动性平台后，可以对敌军进行更强力的火力压制。

  由于机枪在战争中的火力压制能力过于强大，敌人在进攻时首先会想办法干掉机枪手，所以在早期的机枪设计中会有金属挡板用于保护机枪手的生命安全。在二战时期，由于当时的武器装备还不够先进，因此想要击穿机枪盾并不是一件容易的事情，可以对机枪手造成威胁的武器几乎不存在，机枪的挡板配合机枪强大的火力可以很好地保护机枪手。

  随着时代的发展，小到穿甲弹，大到火箭筒，这些武器都可以轻易地干掉机枪手，尤其是现代狙击步枪的改进，可以在千米之外将机枪手一击毙命。这些武器的发明和普及致使机枪防护盾牌的作用越来越小。

配备了盾牌的马克沁机枪

当然,机枪挡板也不是完全没有用处。比如战争中造成伤亡最大的炸弹破片,就威胁不到机枪手。此外,机枪挡板也能很好地抵挡流弹和地上弹起来的碎石。更重要的是,机枪挡板能给机枪手一种安全感,让机枪手在射击过程中不至于裸露在外。

配备了盾牌的美国 M2HB 重机枪

▶▶▶▶ 加特林机枪的工作原理是什么

　　加特林机枪是一种手动型多管旋转机枪，由美国人理查·加特林在 1861 年设计而成，1865 年作了相应的改进，1866 年装备美国陆军。该枪首次使用于美国南北战争，后在北美印第安战争及 19 世纪末美西战争中被大量使用。

　　加特林机枪利用一套传动装置使数支枪管绕一个公共轴转动，从而完成连续射击。加特林机枪是机械式的，最初枪管转动需要由人力转动摇把，后来改进为由电动机或导出燃气动力来完成。其优点是射速高、威力大，而且枪管交替工作的方式使它能保持较好的持续火力。加特林机枪的主要缺点是体积大、质量重，消耗能量多。

英国皇家炮兵博物馆中收藏的加特林机枪

　　加特林机枪与转膛机枪的区别是多根发射管和弹膛相对于各自的枪机之间不动而整体连续不断地旋转，这种原理的工作特点是每根发射管都有自己的枪机和闭锁机构，分别依次完成进弹、闭锁、击发及抛壳等动作。而转膛原理是由一个能够容纳多发弹药的旋转弹膛配合保持静止的同一根发射管同一套枪机及闭锁机构来依次对准并击发各膛中的枪弹，同时由处于其他位置的弹膛依次装填和退壳。转膛机枪相比加特林机枪，其射速更高，并可通过改变电机的功率来调节射速；枪管高速旋转可加速冷却。另外，若枪是由外能源带动，则有较高的可靠性，不会影响连续射击。

1895 年型加特林机枪

加特林机枪从诞生之日起，工作原理就决定了其具有连发射击、火力猛等优点，但也存在质量大、机动性差等缺点。正如许多其他发明一样，在军用领域，加特林机枪是"早产儿"——当时世界主流军事思想还没有为其诞生做好准备。

1861 年并不存在对转管机枪的战术需求，因为当时军队不知道如何有效地将一挺机枪作为高效火力来使用，转管机枪不能给人留下深刻印象。而将机枪用在步兵进攻中作为近距离支援武器的思想，直到 1898 年才由美国陆军进行了论证，甚至后来在日俄战争和一战时各国陆军都才开始采取大规模步兵集群冲锋的战术，可见直到 20 世纪初很多国家都还对机枪的威力不够重视。

更为不幸的是，就在加特林和其他天才发明家们在不断解决技术难题，努力完善各自发明的同时，也不自觉地为自己的发明创造掘好了坟墓——当手动武器发展到极致的时候，也就为自动武器的出现创造了成熟条件。

>>>>> 霰弹枪有哪些结构特点

现代军用霰弹枪的外形和内部结构都非常类似于突击步枪，全枪基本由滑膛枪管、自动机、击发机、弹仓、瞄准装置以及枪托、握把等组成。按装填方式可分为半自动霰弹枪和自动霰弹枪，供弹方式有泵动弹仓式、转轮式、弹匣式三种。军用霰弹枪主要发射集束的球形弹丸（霰弹弹丸）。枪管内膛由弹膛、滑膛及喉缩三段组成，三段以锥度连接。弹膛容纳霰弹，滑膛为霰弹弹丸加速运动区段，在离膛口约 60 毫米区段沿枪口方向适当缩小直径的部位称喉缩，弹丸在此受集束作用飞出枪口，以增加射击密集度和射程。霰弹枪滑膛部分的直径称口径，军用霰弹枪大多数采用 12 号口径，按照国际通用标准，12 号口径的实际膛径为 18.5 毫米。

装有背带的雷明顿 870 霰弹枪

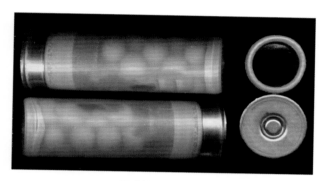

霰弹枪使用的子弹

　　军用霰弹枪除了能以自动、半自动方式射击外，还能以泵动式（手工拉动前护木来带动自动机完成抽壳、抛壳等动作，类似于气筒打气的过程）方式射击。之所以使用泵动式结构是由于滑膛枪的膛内压力较低，使用催泪弹、橡皮头弹等防暴类弹药时，气体产生不足，导致霰弹枪不能正常使用。采用泵动式设计就能很好地解决这个问题。为了满足机动灵活性的要求，军用霰弹枪全枪长一般不超过 1.1 米，全枪质量小于 4.5 千克，使用独头弹有效射程可达 150 米，使用鹿弹有效射程则在 200 米左右。

霰弹枪开火瞬间

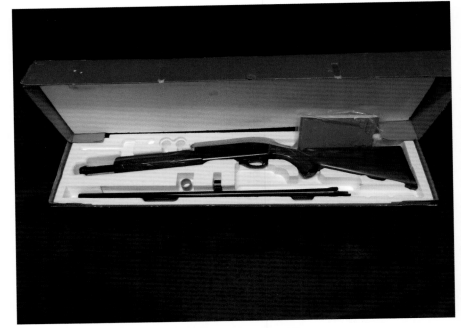

枪盒中的雷明顿 870 霰弹枪

>>>> 水下枪械发射原理是什么

　　水下枪械是主要用于水下战斗的枪械，通常装备于特种部队。水下枪械的设计难度要比普通枪械大得多。首先是密封问题，由于枪械的射击要靠火药气体来推动，一旦密封不好，火药就会被水浸湿，导致燃烧效率低下而无法发射；其次是要克服水的阻力，水下枪械要想获得较大的初速和射程就必须加大膛压，这样会带来供弹困难、机构动作难以协调等一系列问题。由于一般弹药无法在水下良好运作，所以水下枪械的共同点是使用飞镖弹取代一般子弹。此外，水下枪械的枪管通常没有膛线，这样才能稳定弹道以克服流体动力学的影响。但缺少膛线会使水下枪械在陆地上射击时的精度较差。

　　目前，世界上只有俄罗斯、德国、英国等少数国家成功研制出了水下枪械。水下枪械的种类也很少，暂时只有水下手枪和水下步枪。

俄罗斯是最早研制水下枪械的国家，其主要产品有 SPP-1 水下手枪和 APS 水下突击步枪以及它们的改进型。SPP-1 水下手枪发射 4.5 毫米钢制箭形弹，有 4 根枪管，呈正方形排列，每根枪管装有 1 发箭形弹，每扣动一次扳机发射一发箭形弹。4 发箭形弹射击完毕后，可由射手自行装弹。SPP-1 水下手枪在水下的射程与水深有关，水下越深，射程越短。在水下 5 米处的射程可达 50 米，而到了水下 40 米处的射程则只有 5 米。

SPP-1 水下手枪与其发射的 4.5 毫米箭形弹

德国 HK 公司于 1976 年定型的 P11 也是一款知名的水下手枪。该枪一次可以装 5 发弹药，发射 7.62 毫米的镖形弹，陆上有效射程 30 米，水下有效射程 10~15 米。与 SPP-1 水下手枪不同，该枪在 5 发弹药用尽后，需要将枪送回工厂重新装弹密封。

士兵手握 P11 水下手枪

APS 水下突击步枪与其发射的 5.66 毫米箭形弹

枪口发射型与附加型榴弹发射器有何区别

榴弹发射器是一种以枪炮原理发射小型榴弹的武器，因其外形和结构酷似步枪或机枪，故人们常称之为"榴弹枪"。榴弹发射器体积小、火力猛，有较强的面杀伤威力和一定的破甲能力，主要可用于毁伤开阔地带和掩蔽工事内的有生目标及轻装甲目标，为步兵提供火力支援。

美国 M203 榴弹发射器

榴弹发射器主要可分为三类：第一类是单独作为一种武器使用，称为肩射型榴弹发射器，类似于手枪或短霰弹枪。这种榴弹发射器可以前装或者后装，通常由单兵携带和使用，可以如步枪一样抵肩射击，或挟于腰间射击，也可置于地面如迫击炮般射击；另外两类武器是以非独立的形式使用，即枪口发射型和附加型榴弹发射器。

从二战开始，一些主要国家的步枪都可以发射枪榴弹，当时的方法是在步枪枪口安装一个筒形、杆形或其他结构的发射装置，填入专用的枪榴弹或者对手榴弹做一定改装（如增加尾管等），并在步枪枪膛装填空包弹，用步枪上附加的瞄准具瞄准后击发，以空包弹产生的火药气体推动榴弹飞行。这种发射装置就是枪口型榴弹发射器，通常是以步枪附件的形式配发。

美国 M320 榴弹发射器

到二战结束之后，也有部分步枪在设计时就将榴弹发射器作为膛口装置固定下来（如南斯拉夫仿 SKS 半自动步枪制造的 M59/66 步枪）。后来，新型枪榴弹设计时在榴弹尾管中增加了捕捉器，可以直接用普通弹击发，弹头被榴弹尾管的捕捉器捕获。时至今日，枪口发射型榴弹发射器由于发射操作烦琐、反应速度慢、瞄准困难，已经很少使用。

德国 HK AG36 榴弹发射器

附加型榴弹发射器通常也被称为"枪挂式榴弹发射器"，这种发射器是将发射筒以某种方式平行固定于步枪或其他步兵武器的身管旁，利用步枪本身或特别附加的瞄准具进行瞄准。其射击方式通常采用与步枪相似的抵肩射击方法，必要时也可采用迫击炮式发射方法。这种方式将榴弹发射器和步枪结合为一体，从而更加紧凑，由单兵使用和携带，通常不占用编制。

典型的附加型榴弹发射器有 M203 榴弹发射器（美国）、M320 榴弹发射器（美国）、HK 79 榴弹发射器（德国）、HK AG36 榴弹发射器（德国）、FN EGLM 榴弹发射器（比利时）、GP25 榴弹发射器（俄罗斯）等。附加型榴弹发射器一般也可通过增加肩托、握把等组件改装成肩射型榴弹发射器。此外，还有一些附加型榴弹发射器无须增加握把等组件就可作为肩射型榴弹发射器，如 HK AG36、M320 等。

俄罗斯 GP-25 榴弹发射器

>>>> 现代枪械常见的供弹具有哪些

供弹具（或称供弹装置）是枪械供弹系统的重要组成部分，在很大程度上决定着整个武器系统的可靠性，因为它有 30%~70% 的常见故障是在供弹过程中发生的。对供弹具而言，合理的设计不仅能使供弹流畅而稳定，还能有效地简化供弹装置、减轻全枪质量。

历史上曾出现过的供弹具种类繁多，但在二战期间现代供弹具的种类已经基本确定，主要包括弹仓、弹匣、弹链和弹鼓。

1) 弹仓

弹仓是指枪械用于容纳射击备用枪弹，并能以其推力将枪弹逐发输送到预备进膛位置的容器。弹仓是最早出现的枪械供弹装置，它一般固定在枪械上，装填时射手可直接将弹药装进弹仓然后射击，子弹打完后必须重新装填，不能直接替换备用的供弹具。

使用弹仓装弹的步枪

2) 弹匣

弹匣是枪械用于存储子弹的一个匣子，通常是一个可以拆卸的小盒，有弧形弹匣和直弹匣两种，子弹在压入弹膛之前就放在那里。弹匣的主要作用是容纳子弹，并在射击时及时地将子弹托送、规正在预备进膛位置。它通常由弹匣体、托弹板、托弹簧和弹匣盖组成。弹匣体是用铁合金皮压制而成的，但也有使用工程塑料制成的，其四周较薄，通常在表面有加强筋来增加其结构强度。以双排双进弹匣为例，其托弹板由两级台阶构成，这种台阶可使子弹在弹匣内成双行交错排列，托弹板在弹匣内四周的游隙很小，当枪机后退到推弹凸笋并越过弹匣装弹口时，托弹板在托弹簧的作用下可将弹匣内最上面一发子弹托送到装弹口并与

可拆式弹匣

弹匣体的弯部配合，将子弹规正在预备进膛位置。当枪机前进时，推弹凸笋可将装在预备进膛位置的子弹推进枪膛，从而完成托送、进膛的供弹动作。如果弹匣凹陷变形或生锈，就会发生托弹板被卡死的现象，从而影响射击的顺利进行。

3）弹链

弹链是把大量子弹以串联方式连接，主要提供给全自动速射武器以获得持续火力效果的枪械零件。弹链的主要目的是令机枪无间断地连续发射连串子弹。近代的机枪由于射速较高，标准弹匣无法获得持续火力效果，而大容量弹匣又经常出现卡弹问题，原因是弹匣供弹过快令机匣导气量不足。弹链通常存放在弹链携行箱内，可挂于机枪侧面或底部，令装备轻型机枪、中型机枪或通用机枪的士兵作战时可携带大量弹药。

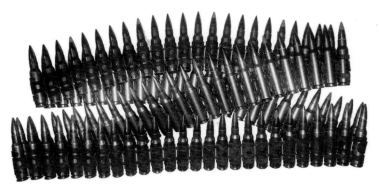

7.62毫米北约标准机枪弹的弹链

4）弹鼓

弹鼓是一种圆形的供弹具，因为类似鼓而得名，于冲锋枪、步枪或机枪上较为常见，不可称为弹盘。

弹鼓的设计较传统的直排弹匣更为复杂，运作时弹药依靠旋转的内部拨弹轮由内至外到达供弹口。弹鼓最大的优势是无须更换供弹具可直接发射更多弹药，在全自动武器上使用具有更持续的连射火力。相对地，容纳更多弹药自然有比弹匣更大的质量和体积，弹簧力度也更为强劲，部分弹鼓装填弹药时也需要专门附件，根据武器口径的不同，弹鼓的内部设计也相对不同。

一般常见的弹鼓可分为两种类型，分别为历史悠久的单室型及1980年出现的双室型。著名的C-Mag就是双室型的代表作，C-Mag是一种左右对称排列的双室型弹鼓，采用塑料制造，两个弹室中间以弹匣适配器来连接，具有100发弹药容量，比金属制造的单室型弹鼓更轻、更紧凑。

弹鼓的缺点是一旦发生故障，需要较久的时间排除故障，因此在使用上没有弹链可靠。

C-Mag 弹鼓

►►►► 军用弹匣有哪些类型

弹匣是一种供弹装置，也就是枪支用于存储子弹的一个匣子，子弹在压入弹膛之前就放在那里。弹匣的主要作用是容纳子弹，并在射击时及时地将子弹托送、规正在预备进膛位置，通常由弹匣体、托弹板、托弹簧和弹匣盖组成。弹匣安装在枪机轴线圆周某个方向上，一般均为可卸式，外观呈盒状，使用时由内部的托弹簧和托弹板共同作用将其中的枪弹逐发推出为武器供弹。现代军队使用的弹匣种类较多，具体分类方式有以下几种。

按进弹类型区分，弹匣主要可分为单进与双进，即同时有几排枪弹进入供弹位置。也可和弹匣排数进行区分，如单排单进、双排单进、双排双进、四排双进等。单进弹匣广泛用于手枪和部分冲锋枪（毫无疑问所有单排弹匣都是单进），优点是有利于减小武器宽度，缺点是可靠性较低；双进弹匣广泛用于冲锋枪、自动步枪和少数手枪（比如斯捷启金 APS 冲锋手枪采用 20 发双排双进弹匣），可靠性较高，而体积也相应增大。例如，AK 系列、AR-15 系列等现代步枪采用的是双进弹匣（双排双进），大部分大容量现代手枪和斯登、M3 "黄油枪"等冲锋枪采用的是单进弹匣（双排单进）。

俄罗斯 AK-47 突击步枪弹匣　　美国 M16 突击步枪弹匣

弹匣的不同种类主要是由子弹的不同形状与装弹的多少所决定的。手枪弹基本是直壳（弹壳锥度很小甚至没有）钝型弹头，如著名的 9 毫米帕拉贝鲁姆弹。这样，手枪弹压进弹匣时，子弹可呈直线紧密地排列在一起，不影响弹匣的空间。所以，手枪弹匣一般都被设计成直的，包括一些使用手枪弹的冲锋枪，例如以色列的乌兹冲锋枪。

9 毫米帕拉贝鲁姆弹

一战爆发时，英国人使用的步枪，由于弹匣容量只有 10 发，因此在射手趴在战壕里面射击的时候不会影响其射击姿势，所以弹匣也被设计成直的。到了二战的时候，美国 M1 "加兰德" 步枪的弹匣也被设计成直的，因为当时主要依靠机枪进行火力压制，步枪只是补充射击，因此步枪的弹匣容量并不大。

美国 M9 手枪弹匣　　奥地利格洛克 17 手枪弹匣

　　二战结束以后，由于步枪担负的战术任务越来越重，因此步枪的弹匣容量也越来越大。因此，一些新式步枪将弹匣变弯，以便增加弹容量。同时步枪弹大多设计为有一定锥度的形状，如果锥度大的子弹也用直线排列，就会影响弹匣的空间利用，弹壳上部与弹头部分的弹匣空间会被浪费。而设计成弯弹匣，正好可以充分利用弹匣的空间，还可以尽可能多装弹，装弹越多，弧度也就越大。

使用手枪弹的以色列乌兹冲锋枪

德国 MP5 冲锋枪弹匣

>>> 弹夹和弹匣是不是同一种东西

无论是手枪、步枪还是机枪，供弹具都是其重要组成部分。弹夹和弹匣这两种供弹具看起来只有一字之差，实际上却有着很大的差别。

弹夹主要有两种：一种是将子弹成排夹住的"桥夹"，又叫弹条、条夹或填弹条；另一种则是"漏夹"，也称漏桥。弹夹在两次世界大战时期的应用非常广泛，其主要针对供弹的是栓动步枪和半自动步枪的"弹仓"。

一战和二战时期的栓动式步枪和半自动步枪，容纳子弹主要靠枪身内部的"弹仓"，例如李一恩菲尔德步枪、莫辛一纳甘步枪、毛瑟 98K 步枪等栓动式步枪，需要从上方装填子弹，"桥夹"可以快速地将多颗子弹压入弹仓，完成装填环节，而 M1"加兰德"半自动步枪等，使用的便是一次可以装填 8 发子弹的"漏夹"。

"桥夹"和"漏夹"都是比较古老的供弹方式，不过相较于"漏夹""桥夹"具有向弹匣装填子弹的能力，一下就可装调 10 发，因此现今仍有应用空间。

弹匣相当于可拆卸的弹仓，就是一个可以容纳弹药的小匣子，并可以将子弹托送至预备进膛位置。由于机枪、冲锋枪、突击步枪、自动步枪的弹药消耗量均较大，内置弹仓难以满足子弹数量的需求，装填速度也较慢，因此可以容纳更多子弹的弹匣成为首选，现代军警单位的手枪、冲锋枪、自动步枪基本都以弹匣为主要供弹具。

一次可装填 5 发子弹的"桥夹"

一次可装填 5 发子弹的"漏夹"

二战后，美军曾为 M1 "加兰德"半自动步枪增加了快慢机，并将 8 发弹仓供弹改为 20 发弹匣供弹，到 1957 年时更是直接以 M1 "加兰德"半自动步枪为基础开发了 M14 自动步枪，可以使用 20 发或 30 发弹匣，这其实反映的就是步枪供弹具的发展变化。

采用弹匣供弹的 M14 自动步枪

手枪弹多是圆头而步枪弹多是尖头的原因是什么

　　步枪、机枪的子弹大都是尖头的，而手枪、冲锋枪的子弹几乎都是圆头的。有人会说，手枪的威力小，要想射得远，弹头应该是越尖越好。其实不然，枪弹的外形设计需要考虑的因素非常多，其中最重要的因素有两点，即弹着点精度和杀伤力。

从精度角度看，手枪的精度对距离要求不高，这是手枪弹能够采用圆头的根本原因。步枪弹需要一个相对更远的精度，因此只有采用尖头才能确保。

0.45 英寸柯尔特自动手枪弹

手枪弹主要是看近距离的停止作用，有效射程一般为 50 米，所以它的口径一般比较大，如 9 毫米、11.43 毫米等。手枪弹通常采用重而钝圆的普通弹头，以加大动能和能量的传递能力，增大致伤能力。

步枪弹要尽可能延长杀伤距离又不失威力，所以弹头是尖尖的锥形，比手枪弹要长，口径也相对较小，如 5.56 毫米、5.8 毫米、7.62 毫米等，以减少空气的阻力。重机枪一般使用的就是步枪弹，而冲锋枪则使用手枪弹。

手枪弹的初速比较低，受到的阻力主要是涡流阻力，当弹头在空气中运动时，表面会形成空气附面层，而如果弹头过尖，当章动角不等于 0 时，会造成附面层分离，从而增大涡流阻力。

俄罗斯 7.62×54 毫米步枪弹

步枪弹由于初速相对较高，其受到的阻力主要是波动阻力（弹头对空气强烈压缩扰动而产生的阻力），弹头部越尖，产生的弹头波越弱，波动阻力也就越小。有些步枪发射的平头挤压式燃烧弹采用平头是为了增大弹头撞击目标时的阻力，靠惯性挤压使燃烧剂燃烧。

总之，枪弹的作用都是最大限度地杀伤目标，因此要保证枪弹能够准确命中目标，所以根据不同的适用距离需要设计不同的形状。

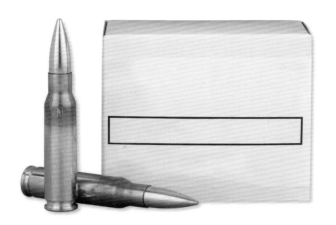

7.62×51毫米北约标准步枪弹

手枪弹、步枪弹和机枪弹有何区别

现在各国军队的班组级别部队，一般都会装备三种枪械，即手枪、步枪和机枪。这几种枪械的外形、尺寸和功能都有所不同，配用的弹药也有区别。手枪弹、步枪弹和机枪弹的主要区别在于外形和口径。

5.7×28毫米手枪弹

在三种弹药的外形上，各国使用的手枪弹药基本上都是圆形弹头和直筒弹壳。当然也有瓶形弹壳，只是这种弹药比较少见。目前，手枪弹的外形依然还是以圆形弹头和直筒弹壳为主。步枪弹和机枪弹区别不是很大,基本都是流线型弹和瓶形弹壳。步枪弹有时候和机枪弹是可以通用的。

使用 5.7×28 毫米手枪弹的 FN57 手枪

各种军用定装弹

在三种弹药的口径上，手枪的弹药口径一般都是 9 毫米，也有的是 5.8 毫米。现在几乎没有小口径的手枪弹药，因为口径太小手枪的威力也就随之变小。步枪的弹药口径现在主要是 5.56 毫米和 7.62 毫米，同样的通用机枪弹药也是这样的口径。现在各国军队普遍装备的机枪就是通用机枪。步枪弹药和机枪弹药是可以通用的，这是为了方便战场上的补给，所以步枪所使用的弹药与机枪所使用的弹药没有什么区别。除了通用机枪外，其他机枪还是与步枪的弹药在口径上有所区别。比如高射机枪和坦克上面装备的机枪就属于 12.7 毫米的口径。在执行作战任务的战车上也会装备车载机枪，口径一般为 14.5 毫米。

现代常用步枪弹

>>>> 美国研制的水下子弹有何作用

2019 年，有媒体报道，美国 DSG 技术公司正在研发一种名为"CAV-X"的水下子弹。这种新型专用子弹可以让美国特种部队在水下使用武器射击，从而与敌方的潜水员及其水下航行器交战。传统子弹在水下没什么杀伤力，而这种新型子弹的工作原理是形成一个包裹子弹的气泡，减少子弹在行进中受到的物理阻力，使它能够在水下加速前进。这种技术被称为"超空泡"技术，采用这种技术的俄罗斯"暴风"鱼雷的速度是常规鱼雷的 5 倍。

美军狙击手在高海拔地区使用狙击步枪

DSG 技术公司将 CAV-X 超空泡弹药称为"多环境弹药"。该公司负责人表示："这种弹药能够有效打击水下目标和空中目标。根据武器的不同而使用不同的型号，这种弹药适用于部分或完全水下的武器，不管目标是在水下还是在水面。"

按照定义，超空泡物体必须产生一个气泡来包裹住这个在水中行进的物体。因此，DSG 技术公司的子弹必须以某种方式产生包裹子弹的气泡。一种可能性是，子弹以某种方式利用火药燃烧产生的炽热而膨胀的气体来形成一个超空泡气泡。

DSG 技术公司正在研制两种子弹。A2 型子弹用于从空气中向其他目标或水下目标射击。另一种 X2 型子弹则是为"战斗蛙人"和水下特种部队设计的。此外，这些子弹的武器规格显示，它们是为美国特种部队现在使用的武器设计的。这将使美军能够在水上和水下使用同样的武器。相比之下，俄罗斯特种部队装备的 APS 突击步枪在水下表现出色，但在水上则不那么有用。

DSG 技术公司研制的水下子弹具有较高的精度：在 50 码（约 45.5 米）距离上，从 M2 卡宾枪发射的 X2 型子弹的精度为 2 角分。2 角分相当于 100 码的误差不超过 2.1 英寸（约 5.3 厘米），所以这种子弹在 50 码以内不会偏离目标超过 1 英寸。鉴于常规水下子弹在入水不到 1 米就开始翻滚并失去一切气动效能，这样的精度是令人惊叹的。

展览中的 CAV-X 超空泡弹药

　　未来，超空泡子弹将成为水下特种部队装备的重要补充。美国海军"海豹"突击队和其他特种部队（在水下）将不再局限于与敌人进行白刃战，而有了另一种可以使用的武器。

美国海军陆战队军官使用 MP5 冲锋枪射击

Part 03

性 能 篇

"木受绳则直，金就砺则利"。任何一款产品都有对应的准则和指标，枪械同样如此。作为一款普及到单兵的作战工具，数量庞大的枪械具有更为详细而苛刻的指标。常见的枪械性能指标包括有效射程、最大射程、枪口初速、最高射速、弹容量等。

▶▶▶ 影响枪械寿命的因素有哪些

我们常常在影视剧中看到主角从一开始就使用的枪械，能一直用到剧终，好像枪械没有使用寿命一样。在现实中，枪械是有使用寿命的。枪械的使用寿命主要受高温、高压、子弹对膛线的磨损等影响，所以一般枪械的使用寿命都是由发射的子弹多少来决定的。

一般的手枪寿命是 3000 发左右，小型手枪的寿命在 1500 发左右；霰弹枪的威力非常大，每射击一发子弹对枪膛损害很大，它的寿命要比一般的枪械短得多，大概射击 1000 发子弹就报废了；普通步枪的寿命一般在 10 000 发以上，也有一些性能特别好的步枪，寿命更长一些，可以达到 20 000 发以上；狙击步枪的精准度非常高，杀伤力非常大，射击的时候对枪膛的损害自然较大，它的寿命也要比一般的枪械短，跟霰弹枪差不多，通常在 1000 发左右；冲锋枪的寿命跟步枪差不多，但是冲锋枪的射速比步枪快很多，一般其寿命在 10 000 发以上 20 000 发以下；机枪的寿命一般在 15 000 发左右，由于机枪的射速非常快，射击的时候，15 000 发子弹很快就会打完。不过，机枪还是可以更换枪管继续使用的。

正在猛烈射击的美军 M2 重机枪

一般用以下三个条件之一作为枪械寿命终了的判定标准：①故障率超过战术技术指标（一般规定为 0.2% ～ 0.4%）或出现不允许故障；②枪械的主件如枪管、机匣、枪机、受弹机、击发机、枪架等，产生人眼可见的裂纹、破损、变形，失去工作能力或维修费用过高，不值得修复；③枪管弹道性能降低超过允许值。

狙击手在高海拔地区使用狙击步枪

海军陆战队军官使用 MP5 冲锋枪

枪械的后坐力有多大

后坐力其实是枪械发射时子弹壳同样受到火药气体的压力，从而推动枪机后坐，后坐的枪机撞击和枪托相连的机框，从而产生后坐力。因此，理论上口径越大，撞击越猛，后坐力就越强。在连续发射子弹的状态下，因为枪的威力，产生了一定的反作用力，这种作用力会使持枪者持枪不稳。但是枪在设计时有缓冲机构，可以延长撞击时间从而减低后坐力，而高效的枪口制退器同样可以减小后坐力（原理类似火箭向后喷气），所以，后坐力的大小和口径有关，但枪械本身的结构设计对其影响更大。

突击步枪发射后抛壳瞬间

后坐力的计算遵循动量守恒定律，子弹发射时产生的动量就是人体受到的冲量。所以，不同的枪械其后坐力大小是不一样的。

影响枪械后坐力的三大因素主要有：武器质量、弹药量、枪支结构（如枪管的长短、口径等）。

武器质量

同等条件下，质量越重的枪械，其后坐力越大。这就是为什么手枪可以手持发射，而机枪通常都要安装在固定器具上的原因。

左轮枪的后坐力演示

弹药量

弹药量越多，枪支的后坐力越大。即使同一口径，也有不同弹种，装药量更是千差万别，比如 357 贝弹，就有减装药 - 全装药 - 强装药等几种配置，射程和杀伤力不同。同一口径的枪，甚至同一支枪，使用不同弹种，后坐力差异也很大。

枪支结构

口径可以直接影响装药量（当然装药量也是不固定的），所以这是最直接的指标。子弹在身管中的行程，决定了其射程，长身管的枪能打得更远，但能量守恒，作用力让子弹飞得更远，反作用力也就让持枪者的手更疼；此外，还有枪型。一般来说，左轮手枪因为射击时枪膛不能全密闭，因此后坐力会比全密闭的手枪要弱一些。

手枪击发过程也是枪械整体工作的主要动力之一

▶▶▶ 手枪与步枪可以通过哪些方式增大有效射程

有效射程（Effective Range）是武器对预定目标射击时，能达到预期的精度和威力所要求的距离。各种武器的有效射程通常依其性能和目标种类而定。"预期的精度和威力要求"，通俗点说，就是"打中你想打中的"和"干掉你想干掉的"。有效射程首先要保证的是精度，所谓的"超出射程"是指没有命中的把握了，但杀伤力还是绰绰有余的。

美军士兵使用 M9 手枪射击

有效射程是一个仅具有参考意义的数据，因为"预期的精度和威力要求"都是人为制定的标准，跟战场的实际环境难免有所出入。有效射程 400 米的突击步枪，命中 600 米外的目标也没什么好奇怪的；同样，有效射程 800 米的狙击步枪，也不能保证在射程内 100% 命中。精度涉及的因素太多，而人的能力总是有限的。

由于受到风、引力和地球曲面等因素的影响，子弹在有效射程和最大射程内，它的飞行轨迹都是抛物线（曲线）弹道。只不过子弹在有效射程内，其飞行弹道可以根据人为的射击经验来校正，以达到"打中你想打中的"的目的。而在有效射程与最大射程这个距离内，虽然子弹仍然具有杀伤力，但要想击中的目标将随着距离的加大而变得越发难以击中。

使用 M82 狙击步枪的美国陆军狙击手

枪械射击时有两个点，一个叫作 POI（point of impact，弹着点），一个叫作 POA（point of aim，瞄准点）。由于子弹的弹道是一个抛物线，因而 POI 与 POA 并不是每时每刻都会重合，所以就会产生标尺与划分，而归零点，也就是 POA 与这个距离上的 POI 重合。

美国海军陆战队狙击手在山区使用 M40 狙击步枪

一般来说，子弹无法击中和杀伤目标主要有两个原因：一是子弹在一定距离上由于空气阻力速度降低到一定值之后，所具有的动能不足以杀伤目标；二是子弹在射击一定距离之后，由于速度降低到 1.2 倍音速以下，开始失稳，从而导致射击的弹着点范围开始变大，大到超过了标靶的尺寸而没有办法准确击中标靶。

提高有效射程的方法主要有两种：一是增大弹头质量，以提高子弹的动能，同样的空气阻力下，子弹保持速度的能力就会提高；二是提高子弹的初速，初速和弹头质量、子弹装药量、枪管长度有关。

没有击锤的格洛克手枪为何也有很高的安全系数

格洛克手枪是奥地利格洛克公司研发和生产的一系列自动手枪的统称。该系列手枪覆盖全球的军用、警用及民用市场，被数十个国家的军队和执法单位所采用。

从 9 毫米口径的格洛克 17 手枪开始，格洛克公司陆续推出了数十种不同口径、不同战术用途的手枪。与传统手枪不同的是，格洛克手枪没有采用击锤设计，这也是格洛克手枪设计思想的体现。

格洛克 17 手枪

格洛克手枪的内部保险由 3 个保险机构组成，分别是击针保险、扳机保险和防跌落保险。击针保险采用常规保险设计，其特点是只有当扳机连杆向后移动到一定距离后，才能解脱击针保险，进而释放击针，否则击针将被击针保险机构锁死，无法打击底火；扳机保险是格洛克手枪的一个特色。扳机保险位于扳机中间，呈片状结构，与扳机连杆构成一个整体部件，只有在扣压扳机时才能使之解脱所有的保险机构。而一旦手指离开扳机，手枪随即就会处于保险状态；防跌落保险是通过扳机连杆后端的"十字架"结构实现的，能防止手枪在

格洛克 19 手枪

跌落时由于猛烈的撞击造成扳机和扳机连杆在惯性作用下后移而形成击发。

格洛克公司认为以上 3 个独立的保险机构已经足以应付各种突发情况下可能产生的危险，因此哪怕格洛克手枪没有击锤，安全系数仍然很高。

在手枪安全系统方面，格洛克公司一直不断探索。2003 年，格洛克公司公布了新型嵌入式锁定系统（ILS），这种 ILS 锁定块安置于手枪握把背部，可起到手动保险的作用。每支手枪需要一把唯一的钥匙才能打开 ILS 锁定块，保险状态下手枪被锁定，既不能击发也无法分解，而且此时 ILS 锁定块微微探出握把背部，很容易看到，也可以触摸到。

格洛克 23 手枪

只有打开 ILS 锁定块后，手枪才能正常射击。这种保险其实类似于防盗装置，对于执法单位来说非常实用。格洛克手枪大都可以选装 ILS 系统。

>>> 现代战争中步枪的性能优劣是否依然重要

步枪是单兵肩射的长管枪械，主要用于发射步枪弹杀伤暴露的有生目标，也可用刺刀、枪托格斗，有的步枪还可发射枪榴弹，具有点面杀伤和反装甲能力。步枪是现代步兵的基本武器装备，按自动化程度，可分为手动步枪、半自动步枪和全自动步枪，现代步枪多为全自动步枪；按使用的枪弹，可分为大威力枪弹步枪、中间型威力枪弹步枪及小口径枪弹步枪；按用途，可分为普通步枪、卡宾枪、突击步枪和狙击步枪。卡宾枪的枪管比普通步枪短，子弹初速略低，射程略近。突击步枪是具有冲锋枪的猛烈火力和接近普通步枪射击威力的自动步枪，其特点是射速较高、射击稳定、后坐力适中、枪身短小轻便。狙击步枪是一种特制的高精度步枪，一般为半自动或手动操作，多数配有光学瞄准镜，有的还带有两脚架，装备狙击手，主要用于射击敌方的重要目标。

在现代战争中，重武器已经成为主角，轻武器不再发挥决定性作用，但是绝大多数战争都会有地面作战，所以还是需要一些优秀的轻武器。一支优秀的步枪，对于步兵来说依然很重要。例如美国发动的伊拉克战争和阿富汗战争，虽然迅速击败了对方并建立了新政权，但是从此陷入了长久的战乱之中，美军一直面临着不断的地面作战，其中最常见的就是治安战。但是治安战不同于常规作战，对火力有很大的限制，不能随意使用重武器，在这种情况下，步枪等轻武器自然成为较好的选择。

经过长期的实战检验，美军发现 M4 卡宾枪在沙漠、山地等环境中的表现不是很好，由于枪管较短，导致发射药做功不足，因此 M4 卡宾枪在射程、弹道等方面均不如使用同种子弹的 M16 突击步枪。即使是 M16 突击步枪，在中远距离交战也有些勉强。因此美军启动了很多新的武器项目，M14 EBR、SR-25 等步枪就是在这种背景下出现的。此外，美军还研发了新的 6.8 毫米弹药，意图从根源上弥补制式步枪的部分性能缺陷。

M14 EBR 步枪

SR-25 步枪

近年来很多国家都在研发新型步枪，原因就在于现有的步枪或者弹药等已经无法满足新的作战需要。例如捷克军队此前装备的是 Vz.58 突击步枪，该枪缺乏模块化改装能力，而且弹药老旧，所以后来推出了 CZ-805 突击步枪将其取代。未来，步枪将会成为步兵作战系统的一个组成部分，因此需要将其有机地和其他部分结合起来。

CZ-805 突击步枪

"三发点射"模式在"越战"后逐渐普及的原因是什么

　　"三发点射"（3-round burst），也被称为"三连发"。在"越战"之前，美军的步枪只能选择单发或连发模式。"越战"时，美军在丛林内展开的遭遇战都很短暂，很难单发命中灵活穿梭于林间的敌人，而连发又过于浪费子弹，而且很多新兵也因为紧张而滥射子弹，导致重新装填弹匣的动作过于频繁，进而暴露自身位置。因此，"越战"后美军在 M16A2 突击步枪上设计了只能单发及三发点射的枪机，以在节省弹药、准确度、步枪功能定位和火力密度之间获得平衡。

M16A2 突击步枪拆卸图

　　M16A2 突击步枪的点射机构存在设计缺陷：扳机组件在扳机被释放之后不会自动复位。举例来说，当一个士兵在点射时第二发和第三发之间就已经松开了扳机，那么下一次他再扣动扳机的时候只能射出一发子弹。即使在半自动模式中，扳机组件的机制也会影响武器的使用，每一发子弹被射出之后，扳机组件都会在点射模式的 3 级之间变化；在这些级数之间，每一次扣动扳机力度都不太一样，从而就会影响单发射击精确度。当时也采用相同机制的德国 HK G41 自动步枪，因为结构上的差异则无此问题。

HK G41 自动步枪

　　时至今日，大多数突击步枪都具有全自动及单发功能，三发点射已成为非主要射击模式，不过也有一些现代步枪同时拥有全自动、三发点射、单发射击功能。

　　值得一提的是，俄罗斯的 AN-94 突击步枪有独特的"两发点射"功能，该模式的射速高达每分钟 1800 发，以增强子弹的穿甲能力。AK-12 突击步枪的最新型号也能够两发点射。另外，德国黑克勒·科赫公司也推出了一些枪械，提供了具有两发点射选项的快慢机组。

AN-94 突击步枪

AK-12 突击步枪

▶▶▶ 撞火枪托将半自动步枪的威力提高到全自动步枪水准的原理是什么

　　撞火枪托是一种用于将半自动步枪改装为类似的全自动步枪，以便连续发射子弹的装置。半自动步枪原本每次扣动扳机只能发射一发子弹，但使用撞火枪托可在无须修改枪身内部构造的情况下，只需通过简易的改装便能如机枪一样持续发射子弹，从而大幅提高半自动步枪的射速及杀伤力。

安装撞火枪托的 WASR-10 半自动步枪

　　撞火枪托的结构是一个附有握把及内部装有弹簧的枪托组件，改装时只要拆除步枪的枪托及握把，并以撞火枪托取代即可。改装后枪身后部将会被套入撞火枪托内，撞火枪托容许枪身前后滑动，但由于撞火枪托内装有弹簧，弹簧会顶着枪身的尾部，令枪身在未有击发子弹的情况下保持在前方位置，当有子弹被击发时，子弹的装药爆炸会产生后坐力，使枪身沿着枪托内的导轨推向带有弹簧的枪托尾部，直至后坐力消退并被弹簧抵消后，弹簧会将枪身沿着枪托的导轨推回前方，如果射手仍扣动扳机将可击发下一发子弹。撞火枪托作为枪械改装配件其结构并不复杂，每个撞火枪托在 2017 年的售价才为 100~200 美元，直至 2018 年初传出禁售消息后售价才大幅攀升至 1000 美元。撞火枪托虽然无须改装枪身内部结构就可以大幅提高半自动步枪的射速，但由于枪身的往复运动会改变枪支的重心，所以使用撞火枪托后会降低射击的精确度。

半自动步枪如果没有经过改装，射手每次以手指扣动扳机发射子弹时，虽然步枪在反冲作用下会自动退壳并将下一发子弹上膛，但需要射手松开扳机后，再次扣动扳机才会发射下一发子弹，所以半自动步枪每次扣动扳机只能发射一发子弹，而不能像全自动步枪可连续击发。

M1 半自动步枪及子弹

M1 半自动步枪不同角度特写

HK SL6 半自动步枪

SVT-40 半自动步枪不同角度特写

　　半自动步枪加装撞火枪托后，射手每次以手指扣动扳机发射首发子弹时，步枪在反冲作用下就会自动退壳并推动下一发子弹上膛。原本半自动步枪的射手必须松开扳机后再次扣动扳机才会发射下一发子弹，但加装撞火枪托的半自动步枪在自动退壳并上膛的同时，步枪的枪身在后坐力的作用下会向撞火枪托的底部滑动，因为撞火枪托的握把可稳定枪手手指的位置，所以连接枪身的扳机在后移时会与射手的手指松开。由于射手的肩部支撑着枪托的位置，枪身往后滑动时会压缩撞火枪托内的弹簧，当后坐力减退后弹簧便会将枪身推回前方，连带将枪支的扳机推向正扣着扳机的手指，令扳机再次受到手指的扣压，下一发子弹因此被击发射出，于是枪支再进入下一个射击循环，并使枪身继续往复运动及发射子弹，其射速可达每分钟400~800 发。

撞火枪托利用每次击发子弹后使枪身后移的后坐力，可使扳机在短时间内与射手的手指松开，然后立即用弹簧将扳机推回射手的手指，在无须改动枪支内部机械结构的情况下突破单发射击的限制，使半自动步枪都能如同全自动步枪连续射击。

>>>> 狙击步枪致命的原因是什么

狙击步枪给人的第一感觉就是即使不打中人的要害，也能要了人的半条命。确实，虽然使用同样口径的子弹，但是狙击步枪的杀伤力往往更高，其原因主要有以下几个。

（1）狙击步枪的枪管更长，初速更高，子弹底部装药量更大。其实我们从战列舰主炮提升威力的设计思路上就可以看出，只要炮管的倍径越长，发射药量越大，炮弹的初速和精确度以及穿甲威力就会高于同样的小倍径舰炮。狙击步枪同样如此，其较长的枪管不仅使弹药可以在枪膛内获得更高的速度，还可以将底部弹药产生的动能增强到极致，所以在枪口初速上，狙击步枪就要比自动步枪高，穿透力和射程也因此加强，因而经常会出现狙击步枪子弹命中人体后留下一个"血窟窿"的现象。假如击中人体关节和边缘，甚至可以直接将肢体打断。美国 M107 狙击步枪的枪管长度为 740 毫米，而 M16 突击步枪的枪管长度只有 508 毫米。

美国 M107 狙击步枪

美军士兵正在使用 M107 狙击步枪作战

使用 M107 狙击步枪进行射击训练的美军狙击手

（2）狙击步枪不仅配有 7.62 毫米等口径较小的子弹，还配有 12.7 毫米、14 毫米等大口径子弹。这些子弹虽然主要用来打击轻型装甲车辆和重装甲车的薄弱部分，但也能用于杀伤有生目标。狙击步枪通常由射击技术精湛的狙击手使用，在命中率上较普通士兵要高得多，所以狙击步枪给人们留下了深刻的印象。通常我们将 12.7 毫米以上口径的狙击步枪称为反器材步枪，这种 12.7 毫米子弹具有巨大的穿透力和点杀伤效果，即便对于轻型装甲目标依然效果明显。在 12.7 毫米子弹面前，基本上人类自身穿戴的任何防护装备都是徒劳的，巨大的点杀伤效果一枪就可以把人打成两截。其他口径小于 12.7 毫米的狙击步枪杀伤效果也基本类似，虽然略小一点，但是威力一样巨大。

（3）狙击步枪使用的狙击弹威力巨大。正所谓"外行看枪，内行看弹"，子弹的好坏决定了射击的精度和穿透力。对于狙击步枪来说，即便在 1000 米的距离上，仍然要求子弹具有较高的速度。所以必须加大装药量，提高初速。简单来说，初速高则意味着飞行时间更短，弹道更平直，更加接近直线，也更加精准。以美国陆军特种部队使用的 7.62 毫米口径狙击弹为例，其装药量为 14.26 克，初速达到 914 米 / 秒，即便在 1500 米的距离上也可以达到超音速。相比之下，常见的北约 7.62×51 毫米步枪弹的装药量仅为 3.1 克。

▶▶▶▶ 专业狙击步枪大多只能单发射击的原因是什么

我们发现狙击手每开一枪就会重复拉一下枪栓，让子弹再次上膛。为什么狙击步枪不能和其他枪械一样自动上膛呢？这是因为自动步枪要实现连发就必须在枪管上开个导气孔，让火药气体通过导气孔推动活塞向后运动，从而让枪机后坐使子弹上膛，但在枪管开孔会影响子弹的稳定性，减小弹头动能，不能很好地获得高精度远射程，所以高精度的狙击步枪都是单发栓动式的。

枪盒中的 L42A1 狙击步枪

狙击步枪由于其特殊的作战用途，所以极其强调射击精度，而像半自动步枪等由于其结构较为复杂，因此在射击精度上往往不如手动步枪。而正因为如此，很多著名的高精度狙击步枪，往往是栓动步枪，比如，著名的 M40 狙击步枪、M200 狙击步枪、L96 狙击步枪等。

Blaser 战术 2 型狙击步枪

手持 M110 狙击步枪的美军士兵进入防御阵地

此外，狙杀的目标都是具有重要价值的敌军目标，这些目标会被敌军重点保护，一般情况下对这些目标的狙杀机会非常难得。所以狙击步枪的要求就是精准和威力，追求一击必杀，以及对自身的隐藏，减少因开枪引起的自身暴露问题，所以对持续火力要求就没那么高了。而枪械的自动上膛原理决定了自动步枪需要依靠子弹发射一瞬间的气体推动子弹上膛，而子弹上膛那一刻的枪栓移动和火药气体流失的动作和子弹射击发生在一起，都会对子弹的精准度和威力产生重要的影响。而手动狙击步枪将步骤分散，消除了这方面的影响，所以专业狙击步枪大多只能单发射击。

南非士兵使用 NTW-20 狙击步枪

▶▶▶ 影响狙击步枪射击精度的因素有哪些

狙击手通常要在常规作战距离以外进行远距离精确射击，因此如何提高射击准确度就成了狙击手关注的中心主题。影响狙击步枪远距离射击准确度的主要有五个因素，即枪弹的散布精度、枪械的射控精度、光学瞄准镜的精度、自然环境对射击精度的影响、狙击手的综合素质。

（1）枪弹的散布精度。二战以前，狙击步枪大多使用普通步枪弹，但是随着狙击与反狙击作战的升级，人们发现普通步枪弹的散布精度已不能满足更远距离精确打击的需要，因此各国都开始研制和生产专供狙击步枪使用的高精度狙击步枪弹。普通步枪弹与高精度狙击步枪弹虽在外观上几乎没有区别，但其总体设计思路不同，体现在弹头结构上就有很大差异。高精度狙击步枪弹在设计上就是要千方百计地保证弹头在有效射距内具有稳定的弹道，而不必过多考虑生产工艺性和生产成本。美国等许多西方国家大都把高精度枪弹作为军用狙击步枪弹的发展基础。

狙击手正在使用狙击步枪执行任务

（2）狙击步枪的射控精度。MOA（Minute of Angle）为西方国家常用的计算射击精度的角度单位，翻译成中文即"角分"，按照这套考核方法，在相同的 MOA数条件下，射击距离越远，枪的射击精度就越高。狙击步枪根据其精度能力可分为高精度（或超高精度）狙击步枪和普通精度狙击步枪，前者通常采用非自动发射方式以追求高散布精度，后者通常采用半自动发射方式以追求战斗射速、散布精度和全枪质量等综合作战性能。例如，美国军队装备有各类狙击步枪，其中最好的半自动型 7.62 毫米狙击步枪只能在 300 米以内保证 5 发弹药的散布直径小于 1 个 MOA数（即小于 8.73 厘米）。而单发装填的非自动 7.62 毫米狙击步枪在 500 米距离以内可保证 5 发弹药的射击散布直径小于 1 个 MOA 数（即小于 14.55 厘米）。目前美军装备的大口径 12.7 毫米非自动狙击步枪在 900 米距离可保证 5 发弹药的射击散布直径小于 0.5 个 MOA 数（即小于 13.09 厘米）。

士兵以手动方式将 M40 狙击步枪射击后的弹壳排出枪机

（3）光学瞄准镜的精度。现今，高精度中程狙击步枪能在 1000 米距离对人体目标有 90% 以上的狙杀概率，大口径狙击步枪能在 1500 米距离对人体目标有 60%以上的狙杀概率，这就对瞄准镜的精度提出了更高的要求。例如，要求瞄准 1500 米位置的人体目标，需要 15 倍左右的放大倍率，此时瞄准镜的视场角已经很小，会妨碍狙击手的快速搜索定位，因此最佳的优选方案就是采用变倍式狙击瞄准镜，先用小倍率锁定大致方位，再用大倍率精确瞄准。瞄准镜倍率并不是越大越好，倍率过大会使技术难度提高，还会带来负面影响。因此，首先需要增大物镜口径和光学透镜加工精度（相当于增加光信息采集量并减少信息失真），其次需要增大物镜焦距从而增大成像高度以提高瞄准精度（相当于增加机械瞄准的基线长度），由此还会引起瞄准近距离目标时的瞄准视差增大，因此还要增加一个复杂的消除视差的装置。为提高远距离射击精度，测距变得越来越重要。目前，国际上通用的做法是将狙击手与观瞄手组成一个狙击小组，观瞄手使用望远镜和手持测距机搜索、观察并测量目标距离，然后告诉狙击手，狙击手再根据弹种参数调整瞄准镜上的距离装定手轮，然后再对目标进行瞄准射击。

士兵正在使用巴雷特 M82 狙击步枪

（4）自然环境对射击精度的影响。在枪弹出膛到击中目标的这段时间内，外界环境温度、海拔高度、风速、大气能见度、光照等自然条件都会对射手的瞄准和枪弹外弹道造成影响。武器研制方应该做大量的实验总结积累经验参数供狙击手参考，狙击手则要根据自己的实际经验和具体的自然条件进行综合修正判定。目前，世界上击中人体目标的最远纪录是 2002 年美军在阿富汗执行名为"水蟒行动"的反恐行动中创造的。当时一名叫罗布·弗隆的下士，使用一支美国麦克米兰公司生产的 TAC-50 12.7 毫米狙击步枪（配用 16 倍瞄准镜），在 2.43 千米距离上击毙了一名塔利班士兵（一共射击了 3 枪，第一枪打空，第二枪命中背包，随即第三枪补射才打中）。TAC-50 狙击步枪的枪口初速为 850 米 / 秒，枪弹出膛后飞行了约 2.5 秒（垂直下落了 20 多米），这样的弹道抛物线是令人吃惊的。这个战例除了狙击手的技术和运气之外，与当时的气候、环境也有很大的关系。执行水蟒行动时阿富汗山区平均海拔在 3000 米以上，这样的高度下空气相对稀薄，地球引力也随之减小，因此外界因素对枪弹飞行的干扰就较低海拔地区少了很多。有这样的环境条件，加上弗隆丰富的狙击经验，才创造了如此令人难以置信的纪录。

（5）狙击手的综合素质。打造高精度狙击步枪武器系统的同时，也不能忽视对高素质优秀狙击手的素质培养。狙击步枪在实战中效能的发挥最终要由狙击手来完成和体现。目前，国际上高精度狙击步枪的散布精度已经达到了很高的水准，射击水平的差异开始更多地体现在射手的个人素质上。

狙击步枪瞄准镜所捕捉的画面

>>> 设在阵地后方的重机枪为何不会误伤己方士兵

在实战中由于多种原因，重机枪阵地往往设在士兵后方却不会伤害己方士兵，其原因如下所述。

（1）如果步兵部队要发起冲锋，在行动前一定会充分做好准备工作。一支训练有素的队伍即使是在紧急情况下发起冲锋，队形也不会一线排开，而是尽量呈梯形。重机枪会提前布置好阵地，一般选择布置在冲锋路线后方的两侧，以己方冲锋队伍的梯形斜边为限制射界，以一定角度侧射，从而与步兵配合对敌人形成交叉包抄式进攻。因此，在步兵冲锋的过程中，理论上不会有重机枪弹药从步兵的冲锋队形中穿过。

（2）步兵在战场上冲锋时会保持一定的间隔距离，而不是一起往前冲，而且当目标在远距离时，步兵会弯着腰快速冲锋，在近距离时则会匍匐前进，因此可以给机枪手留出一定的射界。

（3）重机枪的射击范围有限。在步兵冲锋之前，指挥员会告知机枪手的火力范围，这样冲锋的步兵就不会进入重机枪的射击范围。

乌克兰士兵使用 DShK 重机枪

（4）如果冲锋过程中重机枪的射界被己方队形阻挡，机枪手可以采用仰角法，让子弹呈抛物线从己方士兵上方通过，然后落到敌方阵地，弹道高度在 2.5 米以上（又称超越射击）。仰射时，受射击后坐力及枪管振动的影响，重机枪连发射击的子弹群实际上会形成一个纵向截面为锥形的打击面，落地后即可生成一个椭圆形的打击区域，这个区域被称为"纵深散布射击区域"，阵地布置多挺重机枪时要尽量将打击区域重叠，以增强杀伤力。当敌人进入预想的打击区域时，多挺重机枪便可按既定的仰角及方向进行射击，将敌人歼灭。

有了上述措施，重机枪在进行火力压制时就不会出现误伤自己人的情况了。

美国陆军 M2 重机枪正在射击

一挺重机枪需要几名士兵才能完全发挥火力

在重机枪射击时，不间断火力和不间断供弹，实际上无法只靠一个人完成，要由射手负责瞄准和射击，副射手辅助供弹。因此一挺重机枪要完全发挥火力，至少需要 2 名以上的士兵相互配合。副射手除了辅助供弹，还要承担起观察、识别战场、向射手指示目标的任务，并携带部分弹药和备用的更换枪管。

很多游戏和影视剧中最为失实的一点，就是数百发甚至上千发弹药，仿佛完全没有质量和体积一样。实际上一发 7.62 毫米口径大威力机枪弹，全重通常为 22 ～ 26 克；一发 12.7 毫米大口径机枪弹，全重通常在 116 ～ 140 克。800 发北约制式的 7.62 毫米口径机枪弹，带弹链的质量就能达到 34.4 千克。200 发俄式的 12.7 毫米大口径机枪弹，带弹链盒（内含弹链）质量就可以超过 36 千克。而弹药数量带够以后，重机枪必然还需要配套的备用枪管，7.62 毫米口径机枪尚好，12.7 毫米口径机枪单是一根枪管就至少有十几千克。

美国陆军 M2 重机枪小组

　　一名士兵能够携带的重量是有限的，因此重机枪的枪身、脚架、备用枪管、弹药，必须由几名士兵分摊，否则几十千克的重量长时间压在一名士兵身上，上了战场也只能是敌人的活靶子。因此必要时一挺重机枪甚至需要 3 ～ 4 名士兵进行运输和操作。

枪械在水下作战有哪些要求

　　水下蛙人作为现代海军的重要组成部分，在高技术局部战争中发挥着非常重要的作用。而蛙人部队所装备的武器性能如何，又在很大程度上反映出其整体水平的高低。努力提高水下蛙人的战术、武器技术性能，是现代海战对蛙人部队提出的客观要求。水下枪械就是为满足这种要求，于 20 世纪 60 年代后逐渐发展起来的一种新型的轻武器系统。

　　水下枪械是蛙人部队 (海军陆战队) 用来自卫或进攻的单兵武器，主要作战用途是杀伤水下或陆上近距离有生目标，消除其他水下危险物的威胁。水下枪械包括水下手枪和水下突击步枪两大类。使用水下手枪射击时，一般可杀伤17米内水下、50米内陆上有生目标；使用水下突击步枪射击时，可杀伤30米内水下、100米内陆上有生目标。由于水下作战时可供射手利用的隐蔽物很少，因此客观上要求水下枪械必须具有较远的射程、压倒性的火力优势及强大的火力持续能力，这是水下蛙人取胜和生存的关键。

蛙人部队使用水下作战枪械

　　水下枪械主要是在水下使用（也可在陆上使用），因而对水下枪械的要求更为苛刻：一是水下枪械必须具有较强的耐海水浸泡、耐盐雾（含有盐分的雾气）侵蚀能力；其所使用的弹药经过长时间的海、江、河、湖水浸泡后，仍可满足作战要求。二是必须具备高度的安全性。枪械在水下发射时，不能发生危及射手安全的故障，枪口噪音要小，水波和声波产生的压力波不会对射手造成伤害。三是必须具有良好的勤务性。水下枪械可方便地在水下或陆上携带，战斗转换迅速，易分解结合，操作时不易脱离射手身体，即便在水下发生故障时，也可快速排除。四是人机工效合理。水下枪械要结构简单，握持舒适，射手在水下用任何姿势都可操作射击。

德国士兵在水下进行作战训练

水下枪械的射击瞬间

▶▶▶ 泰瑟枪 M26 型与 X26 型有何区别

　　泰瑟枪是由美国泰瑟公司制造的电枪，它是一种与电击棒完全不同的武器，虽然两者同样利用电流作为攻击动能，但泰瑟枪在发射后会有两支针头连导线直接击进对方体内，继而利用电流击倒对方。泰瑟枪没有子弹，它是靠发射带电"飞镖"

来制服目标的。它的外形与普通手枪十分相似，里面有一个充满氮气的气压弹夹。扣动扳机后，弹夹中的高压氮气就会迅速释放，将枪膛中的两个电极发射出来。两个电极就像两个小"飞镖"，它们前面有倒钩，后面连着细绝缘铜线，命中目标后，倒钩可以钩住目标的衣服，枪膛中的电池则可通过绝缘铜线释放出高压，令目标浑身肌肉痉挛，失去行动能力。

　　早在 1974 年，第一代泰瑟枪就已经问世，至今，泰瑟枪已被使用了数十年，无论在街头巷尾还是在电影屏幕上都能见到其身影。但是，今天的泰瑟枪与 20 年前的泰瑟枪已大相径庭，无论其结构还是性能都要先进、实用得多。

　　现代意义的泰瑟枪实际上是从 M26 型开始的。1998 年，泰瑟公司启动了一个研制项目，是为警察研制一种更具威力的高能电击枪，随时能够制服那些一时神智失常、极具危险性的暴力分子。1999 年，经过几次大规模的演示活动后，人们发现 M26 型在设计和功能上远比老式泰瑟枪先进，而且性能更可靠。在制止俄勒冈州国家监狱暴动的行动中，M26 型的表现很出色，发挥了重要作用，赢得了狱警的广泛称赞，从此 M26 型在美国得到大范围推广。

X26 型泰瑟枪

泰瑟枪拆卸图

　　尽管泰瑟 M26 型安全、有效，而且使用也很方便，但是该枪体积大而且很笨重，将其挂在执勤者腰带上很不舒服，尤其是当警察执勤腰带上已经挂满催泪喷射器、伸缩警棍、备用弹匣、手铐和无线电话的情况下，更是不堪重负。为了解决这一问题，泰瑟公司开始进行技术攻关，经过一段时间的努力，最终诞生了 X26 型电击枪。

　　X26 型与 M26 型具有同样的功能，但是与 M26 型相比，X26 型的体积和质量却减小了 60%，并且更高效。泰瑟公司在解释 M26 型与 X26 型作用效果的区别时用了一个有趣的比喻，他们将先进的泰瑟 M26 型比作一把攻城槌，为了攻入"城门"（衣服和皮肤的电阻），它要用每秒 18 个脉冲中的每一个去将"门"击倒。而 X26 型的成形脉冲则不必将"门"击倒，它带有一把开"门"的"钥匙"，可使其为流动的电流敞开。因为 X26 型的功率比 M26 型小，因此可以用较小的电池供电，从而使武器外形变小。

泰瑟枪套装

枪械子弹的保质期有多久

　　枪械子弹的保质期与存放环境密切相关。子弹生产出来以后，一部分会很快装备部队，另一部分则会被封存起来。

　　在不同的环境储存采用不同的储存方法，子弹的保质期都是不一样的。从本质上来讲，长期储存弹药要考虑两个因素：一是温度，二是湿度。首先子弹不适合存储在潮湿环境，受潮以后不仅会影响子弹的性能，还会减少子弹的寿命。如果将子弹存储在气温低于 15℃ 且较为干燥的武器库中，一般能够保存 10 年左右。有的国家为了让子弹能够保存更长的时间，会在子弹的表面涂上一层油膜，再用牛皮纸将子弹包裹起来，最后放进干燥的武器库中。这样存储子弹虽然比较麻烦，但可以大幅延长子弹的保质期，至少可以让子弹保存 30 年以上。如果将子弹存储在一般的房间并保持干燥，则只能保存 2 年左右。

　　不同类型的子弹，保存方式也是不同的，但可以肯定的是子弹开封后要尽量在 1 年内使用，不然就会失去其使用价值。子弹过了保质期再使用的话，很容易发生事故，所以各国对子弹的保存规定都很严格，一般都会在子弹过期前将其用于射击训练或实战。对于过期的子弹，通常会集中销毁。

美国 5.56 毫米口径步枪弹及其包装盒

Part 04

实战篇

现代战争往往是空地一体战，在远离海洋的背景下，坦克、步兵战车、火炮、武装直升机等，将是交战国军队倚重的重装备。但对于步兵来说，许多装备依然沿袭二战时的手枪、步枪、机枪、狙击枪、冲锋枪、火箭筒等，只是枪械口径、弹药类型有所改变而已。

▶▶▶▶ 现代军队如何进行射击训练

要想提高射击命中率，离不开长时间的射击训练。射击有多种类型，按枪种区分有步枪射击、手枪射击、机枪射击等，按射击方式区分有慢射和速射。慢射以静为主，静动结合。速射以动为主，动静结合。但是从整体上看射击属于静力性为主的灵敏耐力性项目，要求肌肉长时间处于等长收缩状态。这一状态会对人肌体产生一系列影响。

射击是一项准确性极高的项目，它要求士兵在高度协调性和一致性的情况下完成射击动作，这就要求大脑皮层对肌肉活动有极高的调控能力。射击也是一项技术复杂的项目，士兵不仅要有高度的灵活性，而且要有高度的一致性，这要求士兵大脑皮层兴奋和抑制的转换速度快，神经过程的灵活性高，而且士兵必须建立牢固的动力定型并达到高度自动化程度。

美国陆军士兵使用步枪进行射击训练

射击技能具有"易学难精"的特点。一个射击初学者，要学会据枪、瞄准直至击发的全套动作并命中目标，在一定时间内就可以掌握，但是连续精确命中十环，却很困难。射击动作并不是单纯的肌肉感觉，而是与视觉、听觉、触觉、平衡觉以及本体感觉密切相关。它的复杂性还体现在士兵的内在感觉上，内在感觉不同的士兵，对动作细节的精确分化能力有较大的差异。

　　美军对射击训练格外重视，训练频率、强度非常高，这是为了让所有士兵都能达到随时能上战场的标准。频繁的高强度军事演习，是检验平时训练成果的重要手段。同时，美军还注重强化培训体系，请参加过实战的官兵担任教官，传授宝贵的实战经验。毕竟真正上了战场，士兵不仅要对周围地形、目标方位距离等进行综合判断，还要应对各种突发情况，因此平时射击训练不能简单地停留在掌握基本动作要领上。美军为满足在阿富汗等山地环境下的作战需要，还特别设置了山地俯仰射击训练。这种训练不仅在美国本土进行，在抵达阿富汗之后，美军部队还要有针对性地进行临战训练，以提高官兵的射击水平。在美军各个军种里，海军陆战队尤为重视枪械射击技术，其要求全员通过 500 码（457 米）精度射击考核。

　　在现代军队的射击训练中，通常会用到两种靶子，即胸环靶与头靶。胸环靶一般宽 52 厘米，长 54.5 厘米，十环的白心宽 10 厘米，其他每个环间隔 5 厘米，整个靶纸大小基本上与一个人胸部以上大小相同，主要用于射击训练和考核。头靶的面积比胸环靶小得多，宽约 50 厘米，肩头左高右低，用来模拟敌人在战壕中和掩体中露出头部和肩部的情景。头靶往往会被设计成迷彩色，以使靶子与环境融为一体，增加士兵发现目标和瞄准目标的难度。

美国海军陆战队士兵使用 M249 轻机枪

　　与常规部队相比，特种部队的射击训练强度和危险性更大。"信任射击"就是各国特种部队普遍采用的一种极端训练方法，主要用于锻炼士兵之间的信任度和配合度，以及有无辜人员在场时的枪法和胆量。具体训练过程是战友之间互为射手和配手，在一定距离上交替射击对方身边的靶子。虽然这项训练的射击距离都不太远，但是在立姿、无依托的情况下，光是准确射中人头大小的目标已经不容易，何况还要克服巨大的心理压力——靶子旁边站着战友，只要准星稍微偏一点，就有可能造成误伤。

　　某些特种部队还会进一步增加"信任射击"的难度。例如俄罗斯特种部队曾经公开过射击训练，在靶场上，两名教官在射手和靶子之间不停走动，士兵需要避开教官命中靶子，并且还要不断改变射击点。法国国家宪兵特勤队也有一项著名的训练项目：一名队员站立靶前，环绕他的身体有 9 个气球靶，在他对面则是 9 名狙击手使用 9 支大威力狙击步枪向他瞄准。这种训练项目被称为"人体描边"，其目的是演练多名恐怖分子挟持人质时，特种部队多名狙击手分别瞄准不同目标，同时开火将其狙杀的场景。除了"人体描边"，法国国家宪兵特勤队还会进行实弹对射，两名队员各自穿着防弹衣，使用转轮手枪在 20 米外对射，它被形象地称作"决斗"。由于训练方式非常残酷，法国国家宪兵特勤队自组建以来在训练中牺牲的人数甚至超过了实战中的阵亡人数。

阿富汗女兵参加射击训练

不同射击姿势有何利弊

正确的射击姿势是准确击杀敌人的先决条件。士兵熟悉多种射击姿势，必要情况下进行调整，更有利于确保射击的稳定性。基本射击姿势有以下 4 种。

1）站姿射击

站姿射击也被称为无依托站姿射击，其稳定性最差，但恢复速度最快。如果采用站姿射击，应当尽量估计并缩小身体晃动对射击的影响。大多数情况下，运动期间遭遇敌人之时，宜采用站姿射击。站姿射击通常用于自卫，其间注意呼吸和射击的适应很重要。另外，站姿射击受风的影响也比采用其他姿势大。

以站姿射击的瑞典陆军士兵

2）卧姿射击

卧姿射击可以分为两种形式，一种是双腿直伸式，另一种为左腿直伸右腿屈曲式。双腿直伸式的身体与射面的夹角比较大，两脚外旋脚尖向下，总重心位置在支撑面内稍左。这种姿势的优点是身体俯卧的面积大，头部贴腮自然，左臂负担量相对较小，适于使用标准步枪而身材又比较匀称的士兵。但这种姿势也存在着缺点，因为躯干以下全部俯卧，增大了腹部受压力量，对腹式呼吸的士兵来说，呼吸有所不便，进而导致士兵的持久性和一致性较差。

　　用左腿直伸右腿屈曲时，躯干与射向投影夹角较小，左腿随躯干自然伸展，脚直立或自由倾斜，右腿随膝关节自然屈曲，身体重量偏左，总重心位置在支撑面左侧。这种姿势的主要优点是右腿自然屈曲后身体重心左移，右侧腹部着地面积减小，整个姿势的力量易于集中，姿势的紧张度减小，动作自然，利于维持姿势的稳定和持久。对于身体比较高大壮实的士兵，采用这种姿势更为适宜。

　　左腿直伸右腿屈曲式的缺点在于枪与身体大部分重量偏左，增大了左臂负担量，对于身体矮小臂力不强的士兵，有负重较大之感。实践证明，左腿直伸右腿屈曲式卧姿，已被世界各国士兵普遍采用。在所有射击方式中，卧姿射击最容易学会和掌握，且重心的位置低，稳定性非常好。同其他射击姿势相比，卧姿射击还更不容易被敌人发现。

以卧姿射击的以色列国防军女兵

　　3）跪姿射击

　　以跪姿射击时，士兵的右腿可跪在地面或沙袋上，脊柱呈前弓形状，身体重心落在地面或沙袋附近。在采用这种姿势的时候，要靠左小腿承担部分狙击步枪的重量，左肘无法紧靠身躯，且没有固定的支撑，因此应当确保人和枪的密切配合。跪姿射击的要求包括跪得稳、人与枪结合的力量集中、上身下塌、腰部放松。

以跪姿射击的美国陆军士兵

4）坐姿射击

坐姿射击的方式可以分为好几种，但主要的两种方式是双腿叉开和双腿交叉。在这两种射击姿势中，士兵都需要将两肘支撑在双膝上，从而确保射击时的稳定性。坐姿射击在稳定性方面仅次于卧姿射击，可以使士兵获得更良好的视野，当然也会增加自身暴露的风险。

以坐姿射击的美国陆军士兵

总体来说，在各种射击姿势中，卧姿射击可以获得几乎完美的稳定性，但由于地形的影响，稳定性往往会受到干扰。而跪姿和坐姿射击虽受地形的影响稍小，却更容易被敌人发现，进而遭受报复性火力的攻击。

近距离遭遇多名敌人时如何射击

在战场上，士兵很有可能突然近距离遭遇多名敌人。在这种情况下，士兵的射击动作将决定战斗的胜负和自身的存亡。那么，士兵在近距离遭遇多名敌人时，是对敌人逐一精准射击，还是快速对每个目标发射 2 ～ 3 发子弹，以达到足够的杀伤效果呢？

对于这种情况，各国军队都进行了大量的模拟实验，并制定了相应的对策。当 10 名优秀射手，分别以 6 发步枪子弹对距离 15 米的 3 个胸环靶采用单点瞄准方法快速射击时，通常有 3 种射击方法：一是对 3 个目标逐一双连发射击，平均用时 3 秒，平均命中 5.5 发；二是对 3 个目标分别发射 1 发子弹，平均用时 1.75 秒，平均命中 2.7 发；三是对 3 个目标按顺序射击 6 发（1、2、3、3、2、1 的射击顺序），平均用时 3.95 秒，平均命中 4.5 发。通过步枪实弹射击对比发现，采用双连发射击方式，射击时间最短，而且命中率最高。

正在进行近距离射击训练的美国陆军士兵

在实战中，近距离突然遭遇多名敌人是一种非常紧急的情况，各种射击方案应该根据实际情况灵活运用，但是采取双连发射击的方式，在命中速度和杀伤效果上能够取得较好的平衡，是一种非常实用的实战技能。

双连发射击能够有效地命中目标，但是采用三连发、五连发射击时，其余的子弹是很容易打偏的。因此，国际上流行"莫桑比克射击术"，这是在双连发射击的基础上演变而来的另一种近距离射击战术，要求先向目标身躯快速打两枪，然后迅速向上往目标头部打一枪。前两枪的目的是更快更准确地击中目标，打胸部总比打头部容易，而且可使目标短时间内无法反抗，而第三枪就是为了破坏目标大脑，使目标更长时间地"停止"下来，或是永远地"停止"。

美国陆军士兵使用 M240 通用机枪

>>>> 手枪射击时有哪些瞄准方式

手枪瞄准主要使用传统的缺口照门式瞄具，也就是前准星、后缺口的机械瞄具。基本瞄准原则是三点一线，以及准星缺口平正。三点一线是指目标中心、准星顶部中心和缺口顶部中心在一条直线上，瞄准的难度在于三点是否在同一直线。在几何定理中，两点可以确定一条直线，看到第一点再对向第二点即可，不管第一点第二点是缺口和准星、准星和目标还是缺口和目标。三点一线首先要做到两点一线，然后保持两点一线不变，再将第三点放到这一条直线上来。与目标和枪的距离相比，准星与缺口的距离非常近，在瞄准之前，眼睛面对的方向应该正对目标，抬起手枪，准星、缺口的两点一线完成后，目标应该在这个两点一线的附近，当枪移到正确位置使得目标也重合在这条直线上时，瞄准就完成了。

　　按照射击速度的快慢，手枪射击瞄准技术可分为手枪慢射瞄准技术和手枪速射瞄准技术。

手枪射击瞄准示意图

　　手枪慢射瞄准时，瞄准区枪手可根据自己的习惯进行选择，一般应选择在靶纸下 2~4 环的位置上。注意保持枪面的一致，保持"平正准星"关系，保持动作的一致，保持枪支的平稳、自然晃动规律。做到视力回收，精力后移，"平正准星"景况清楚。准星与靶纸之间的关系不必苛求。生理学知识告诉我们，眼睛观察事物时，不可能同时看清楚在不同距离上的两个物体，射手在举枪时，枪支准星至眼睛的距离约为 600 毫米，而靶纸距离眼睛的距离为 50 米。如果眼睛看准星和照门时很清晰，那么看靶纸时就会比较模糊。

单手持枪瞄准的美国海军陆战队士兵

　　手枪速射瞄准是在用枪的过程中那一短暂的相对稳定时机完成的，其过程是：眼睛盯住靶纸的瞄准位置，当举枪进入靶区时，立即收视盯住"平正准星"关系，用眼睛的余光引导枪支平稳进入瞄准区，适时完成击发。瞄准区一般应选择在 10 环区。4 秒射击速度快，每靶射击时，几乎没有停枪的时间，当枪支指向目标时，即需完成击发。因此，4 秒射击的瞄区，应选择在每靶右面 10 环区（第一靶选在下 10环区）的位置上。瞄区的范围大小取决于射手的技术水平和其枪支的稳定程度。

双手持枪瞄准

>>> 手枪主要有哪些持枪姿势

正确的持枪姿势可以减少枪口抖动,提高命中率。正确的持枪姿势还可以提高射击的反应速度。一个熟练的射手可以通过正确的姿势迅速地将手枪对准目标,并迅速发射子弹。通过练习正确的持枪姿势,射手可以培养出良好的肌肉记忆,使得持枪动作更加自然和高效。

(1)单手持枪法:手臂挺直,使枪、手臂处于同一条直线,并垂直于身体,左手顺势插握自己身体左侧部,右手虎口抓握枪柄,食指轻轻扣动扳机成待击发状态。瞄准准备击发时,右手抓握枪时力度要适中,不能过度用力,也不能让枪在击发时随意跳动,自我感觉合适即可,同时右眼、准星、枪身成一条直线直指目标。由于此姿势需达到射击稳定的时间长,在运动过程中射击的稳定性差,一般不适用于实战射击。

(2)双手持枪法:利手(优势手)持枪的肩膀后拉,持枪一侧的脚退后一小步,身体侧转约30°~45°;举枪时上身前倾,双肘关节微弯,持枪的手将枪向前推出,另一手掌轻轻包覆持枪手的指节,向后拉回;注意双肘关节仍然微弯,非持枪手的手掌并不用来支撑持枪手的掌缘(也就是说不置于握把下方)。这种射姿兼具了有效控制后坐力和能快速攫取目标的双重优点,是现代常用的手枪射姿之一。

根据个人的训练和习惯,双手持枪又有两种姿势,即茶杯式和推拉式。

双手持枪的美国海军士兵

茶杯式：利手持枪的肩膀后拉，持枪一侧的脚退后一小步，身体侧转约 30°～45°；举枪时上身前倾，双肘关节微弯，持枪的手将枪向前推出，另一手掌轻轻包覆持枪手的指节，向后拉回；注意双肘关节仍然微弯，非持枪手的手掌并不用来支撑持枪手的掌缘（也就是说不置于握把下方）。这种射姿兼具了有效控制后坐力和能快速撷取目标的双重优点，是现代常用的手枪射姿之一。

推拉式：左脚向前大半步，脚尖朝目标方向，或稍微右偏，右脚尖方向与目标呈 90°，两腿自然挺直，含胸拔背，整个身体与目标呈 45°；右手虎口对正握把后方，拇指自然伸直，用手掌肉厚部分和余指合力握住握把，食指贴于扳机上（食指内侧与枪之间应有不大的空隙）；右手前推，左手后拉，将枪握住，头部靠右侧倾斜，自然贴紧右大臂，瞄准线与右手臂呈一直线，右眼与瞄准线重叠。

（3）韦佛式双手持枪法：两腿自然分开，两脚大概与肩同宽；侧身面对对方，即以自己左侧面对对方；右手持枪，伸至左肩前，左手握右手中、无名、小拇指，即左右手在手枪握把小重合；闭左眼，用右眼瞄准，头下压，肩下垂。韦佛式射击姿势是 20 世纪 60 年代美国洛杉矶世界射击运动员韦佛发明的，这种姿势较其他以前的射击姿势有以下优点：射击的姿势比较稳定；便于保护自己，便于转换姿势；动作接近人体的自然反应。

双手持枪的美国陆军士兵

单手持枪的射击运动员

>>>>> 如何使用枪械的机械瞄准具

机械瞄准具是一种金属制观测设备，可用于将物件定位在同一直线上，辅助物件对准特定目标，可应用于枪械、弩或望远镜。典型的机械瞄准具由两个组件构成，即照门和准星。照门，靠近观测者，垂直安装于瞄准线上；准星，靠近观测目标，形态有柱状、珠状或环状。开放式瞄准具的照门为缺口状，觇孔式瞄准具的照门则是小圆孔。

开放式瞄准具（左）和觇孔式瞄准具（右）

　　最早的机械瞄准具是固定式的，且不易调整。现在多数机械瞄准具都已经设计为可调式，可做风偏与弹道修正。为求更精准的射击，机械瞄准具常被光学瞄准镜所取代，但仍与其他瞄准设备并存，甚至与光学瞄准具整合在一起，当作备用。因此，士兵仍需掌握机械瞄准具的使用方法，以备不时之需。

　　使用开放式瞄准具时，要用右眼通视标尺缺口和准星，使准星尖位于缺口中央并与上沿平齐，指向瞄准点。瞄准动作正确与否，对射击的准确性影响极大。例如，突击步枪的准星尖偏差1毫米，在100米距离上弹着点的偏差量可达21厘米。因此，瞄准时，应集中主要精力于准星与缺口的平正关系上。正确的瞄准应是准星与缺口的平正关系看得清楚，而目标看得较模糊。如果集中主要精力于准星与目标上，往往会忽略准星与缺口的平正关系，从而产生较大的偏差。

　　瞄准时，首先应使瞄准线自然指向目标。若未指向目标，则不可迁就而强扭枪身，必须调整姿势。需要修正方向时，卧姿可左右移动身体或两肘，跪姿、站姿可左右移动膝部或腿部。需要修正高低时，可前后移动整个身体或两肘里合、外张，也可适当移动左手的托枪位置。

使用机械瞄准具瞄准目标

　　检查瞄准的方法主要包括：①个人检查。瞄准时，头稍上下移动，检查准星是否位于缺口中央；头稍左右移动，检查准星是否与缺口上沿平正。②固定枪检查。将枪放在依托物上，瞄准后不动枪，互相检查瞄准的正确程度。③四点瞄准检查。

将枪放在依托物上，在枪前15米处设固定白纸靶。示靶手将检查靶固定在白纸上，士兵瞄准后不动枪，示靶手通过检查靶中央的圆孔，点上标记作为基准点。然后，移开检查靶，由士兵不动枪瞄准，指挥示靶手移动检查靶。连续瞄准3次，每次点上标记。3次的瞄准点与基准点能套在10毫米的圆孔内为合格。此外，还包括用检查镜检查。

开放式瞄准具在阳光下会产生虚光，如果持枪姿势不正，瞄准动作有偏差，准星或缺口偏差1毫米，100米外弹着点就会偏差20厘米以上。因此，开放式瞄准具的射击精度不如觇孔式瞄准具。士兵使用觇孔式瞄准具时，不必将注意力放在标尺缺口与准星的平正关系上，眼睛对准觇孔之后，只需用准星去瞄准目标即可。但是，觇孔式瞄准具在使用过程中存在视野较窄的缺点，这点正好与开放式瞄准具相反。

步兵乘车射击有何难点

随着各国军队的机械化程度不断提高，步兵乘坐步兵战车或装甲输送车实施机动作战的机会越来越多。因此步兵熟练掌握乘车射击技术，在巷战和野战中都有好处。乘车射击是指步兵在车内面向外坐，用轻兵器通过射击孔或载员窗口实施射击。乘车射击与地面射击差别较大，且具有下述各种难点。

美军士兵使用"悍马"装甲车搭载的机枪

（1）据枪动作受车辆影响较大，稳定性较差。乘车射击时，士兵随车辆一起，经常处于颠簸运动状态，射击姿势难以稳定，不能做到精确射击。首先是上下震动。由于路面不平，引起车辆减震装置的伸缩，使车辆的重心产生上下震动。车辆震动时，对射弹的高低会产生一定的影响，但对其方向影响不大。其次是方向摆动。由于车辆方向装置的空回，或转弯规避障碍物等，造成车辆在水平面上产生方向摆动。方向摆动对射弹的方向影响较大，而对高低影响较小。第三是惯性晃动。当车辆加速或减速时，由于步兵身体的惯性，会产生前后晃动，严重影响士兵据枪的稳定性，从而使射弹产生偏差。由于以上三种因素不同程度地同时作用，更增加了稳固据枪的难度。

（2）射击有利时机极为短暂。行进间射击时，由于受车身晃动的影响，士兵射击的有利时机极为短暂。利用短点射实施概略瞄准射击成为射击的主要方式。当进行短停射击时，士兵可利用车体瞬间停顿的短暂时机，快速瞄准目标射击。

（3）视野、射界相对较小，不易观察和及时发现目标。实施乘车射击通常有两种方法，一种是利用车体顶部的载员窗口进行射击，另一种方法是利用车体两侧的射击孔射击。射击孔的观察视野、射界非常有限，对于士兵及时发现目标和据枪瞄准影响较大。

（4）对运动目标射击提前量难以把握。特别是车辆在冲击过程中，对运动目标既要取好提前量，又要进行高低修正，因为车辆在向前运动时，与目标的距离也在不断发生变化。当目标与车辆同时运动时，还要考虑相对速度的大小和求取提前量等问题，有时需要瞄准目标的前方，有时需要瞄准目标的后方。

俄罗斯BMP-3步兵战车

>>> MP40 冲锋枪被视为二战德国军人象征的原因是什么

1939 年波兰战役以后，为了进一步简化生产工艺，提高生产效率，德国军工企业根据实战的经验，在 1940 年对 MP38 冲锋枪进行改进，使它造价更低，工时更少，安全性更高。这个改进的型号就是大名鼎鼎的 MP40 冲锋枪。在 1940 年至 1945 年间，德国一共生产了 104 万支 MP40 冲锋枪。手持 MP40 冲锋枪的士兵，后来成为二战中的德国军人的象征。

实际上，最早的 MP40 冲锋枪只是由德军的装甲兵和空降部队使用，随着生产量的加大，MP40 冲锋枪开始装备基层部队，受到作战部队的热烈欢迎。战争中后期，MP40 冲锋枪在步兵单位的装备比率不断增加，大多优先配发给一线作战部队。

MP40 冲锋枪具有现代冲锋武器的几个最显著的特点。

（1）制造简单，造价低廉。MP40 冲锋枪取消了枪身上传统的木制固定枪托、护木组件以及枪管护筒等粗大笨重的结构，主要部件都由钢片压制而成，连唯一较费工时的木质枪托，也由钢制折叠式枪托代替。全枪没有复杂的工艺，钢片压制的枪身可在一般工厂的流水线中由一般的初级技术工人依靠工具制造。机匣的下半部以质量很轻的铝材制造，枪的表面也没有磨光。总之，一切复杂的工艺全部取消。这样的设计思路，使 MP40 冲锋枪可以在德国各地的大小工厂中大量制造。

枪托展开后的 MP40 冲锋枪

（2）射击稳定，精度较高。在二战期间大量装备的冲锋武器中，MP40 冲锋枪具有较高的精度。由于后坐力很小，MP40 冲锋枪在有效射程内的射击精确度非常高。这主要得益于 MP40 冲锋枪的设计思路。它采用自由枪机式工作原理，复进簧装在三节不同直径套叠的导管内，导管前端为击针。射击时，枪机后坐带动击针运动，并压缩导管内的复进簧，使复进簧平稳运动。另外，MP40 冲锋枪使用 9 毫米口径帕拉贝鲁姆手枪弹，以及较低的射速，这也是它射击精度较高的主要原因。

（3）枪身短小。MP40 冲锋枪的枪身折叠以后，仅长 620 毫米，比各国的固定枪托武器都要短 200 毫米以上。这非常适合装甲兵、伞兵和山地部队士兵使用，尤其是在狭窄的车厢和飞机的机舱里。对于伞兵来说，MP40 冲锋枪短小精悍，火力猛烈，非常适合伞降使用。早期在西线一系列的空降作战，包括空袭比利时的要塞、突袭荷兰、大规模空降克里特岛，MP40 冲锋枪帮助德国伞兵部队完成了一项又一项不可能完成的任务，他们密集短促的火力往往可以压制数量占绝对优势的盟军士兵。对于装甲兵来说，短小的 MP40 冲锋枪可以折叠后放在狭小的车厢里。对于山地步兵来说，由于山地战中敌我双方的距离都不会太远，因此质量较轻和火力较好的冲锋枪非常适合他们使用。

装有背带的 MP40 冲锋枪

屡遭嘲笑的斯登冲锋枪也能成为一代名枪的原因是什么

一战时，保守自大的英国对冲锋枪并不感兴趣，英国陆军多次拒绝配备冲锋枪。二战初期，英联邦军队仍然没有装备制式冲锋枪，因此面对拥有大量自动化轻武器的德军部队时，在单兵火力上明显落在下风。随后，英国枪械设计师雷金纳德·谢泼德和哈罗德·托宾在恩菲尔德兵工厂着手研发冲锋枪。新型冲锋枪研发成功后，取设计者谢泼德（Shepperd）和托宾（Turpin）姓氏的首字母和工厂名称恩菲尔德（Enfield）的前两个字母来命名，即"STEN"，中文音译为"斯登"。

斯登冲锋枪的结构非常简单，乍看似乎是由大小不等的管子组成的，枪管是圆的，套筒也是圆的，枪托也是圆的，枪机拉柄也是小圆管。于是有人嘲笑它，叫它"水管"冲锋枪。除了"水管工人的杰作""伍尔沃思玩具枪"和"臭气枪"外，斯登冲锋枪还有许多其他不堪入耳的称号，数量之多在枪械史上非常罕见。

装有背带的斯登冲锋枪

斯登冲锋枪制造起来省工省料，成本非常低，每支枪的制造费用仅仅 9 美元。斯登冲锋枪主要有 7 个型号，分别是：Mk.I、Mk.II、Mk.II(S)、Mk.III、Mk.IV、Mk.V 和 Mk.VI。Mk.I 在 1941 年 6 月投入生产，制造数量较少。Mk.II 比 Mk.I 常用得多，它比 Mk.I 小和轻。有些 Mk.II 被加上消音器，型号为 Mk.II(S)，这是二战中唯一能安装消音器的冲锋枪。Mk.III 是 Mk.I 的改良型，1943 年开始装备部队。Mk.IV 是一种没有推出的缩短试验型，接近手枪尺寸。Mk.V 加装了木制主握把及前握把、木制固定枪托及刺刀座。Mk.VI 是最后一种改进型。

斯登冲锋枪的内部设计借鉴了德国 MP38/40 冲锋枪的设计原理，因此英军士兵可以直接使用缴获的 MP38/40 冲锋枪弹匣和弹药。斯登冲锋枪的缺点也和 MP38/40 冲锋枪一样，其保险仅仅是将枪机挂在后方位置的槽内以阻止击发，许多盟军士兵还没有到达前线就被自己的冲锋枪击伤甚至毙命。有些军队规定士兵手持斯登冲锋枪时必须走在队伍前面，以避免误伤战友。英国士兵相信，只要将斯登冲锋枪扔出去，绝对会有走火的枪弹击伤敌人。很快，这种枪成了盟军士兵最痛恨的武器。不过，二战期间还是有 400 万支斯登冲锋枪被生产出来，最终，它还成为一款战争名枪。

美军发布的《二战武器调查报告》说："对斯登冲锋枪的责难主要集中在外表难看，不合常规。但是，斯登冲锋枪也有很多优点，首先，它是一支威力颇好的武器，其次是成本低，第三是便于迅速大量生产。"

装好弹匣的斯登冲锋枪

►►►► HK MP5 冲锋枪闻名世界的原因是什么

HK MP5 冲锋枪是德国黑克勒·科赫公司于 20 世纪 60 年代研制的冲锋枪，也是黑克勒·科赫公司最著名及制造量最多的枪械产品。

HK MP5 冲锋枪的设计源于 1964 年黑克勒·科赫公司的 HK54 冲锋枪项目，由 HK G3 自动步枪缩小而成。1966 年，该枪被联邦德国采用后，正式命名为 HK MP5。1977 年 10 月 17 日，联邦德国特种部队在摩加迪沙反劫机行动中使用了 HK MP5 冲锋枪，4 名恐怖分子均被击中，3 人当场死亡，1 人重伤，人质获救，HK MP5 冲锋枪在近距离内的命中精度得到证明。此后，联邦德国各州警察相继装备了 HK MP5 冲锋枪，而国外的警察、军队特别是特种部队都注意到 HK MP5 冲锋枪的高命中精度，因而出口量逐渐增加。时至今日，HK MP5 冲锋枪几乎成了反恐特种部队的标志。

HK MP5 冲锋枪的口径为 9 毫米，质量为 2.54 千克，全长 680 毫米，枪管长 225 毫米，有效射程为 200 米，弹匣的弹容量为 15 发或 30 发，弹鼓的弹容量可达 100 发。HK MP5 冲锋枪采用与 HK G3 自动步枪一样的半自由枪机和滚柱闭锁方式，当武器处于待击状态在机体复进到位前，闭锁楔铁的闭锁斜面将两个滚柱向外挤开，使之卡入枪管节套的闭锁槽内，枪机便可闭锁弹膛。射击后，在火药气体作用下，弹壳推动机头后退。一旦滚柱完全脱离卡槽，枪机的两部分就会一起后坐，直到撞击抛壳挺时才能将弹壳从枪右侧的抛壳窗抛出。

与 HK MP5 同期研制的冲锋枪普遍采用自由后坐式，以便大量生产，但由于其枪机质量较差，因此射击时枪口跳动较大，准确性不佳。而 HK MP5 采用 HK G3 系列结构复杂的闭锁枪机，且采用传统滚柱闭锁机构来延迟开锁，射击时枪口跳动较小。因此，HK MP5 冲锋枪的性能尤为优越，特别是半自动、全自动射击精度相当高，而且射速快、后坐力小、重新装弹迅速，完全弥补了威力稍低的缺陷。

HK MP5 冲锋枪

手持 HK MP5 冲锋枪的德国警察

手持 HK MP5 冲锋枪的捷克警察

>>> 把步枪绑在高射炮上有什么作用

把步枪绑在高射炮的炮管上，一般可用于高炮的训练，俗称"枪代炮"。这种做法的学名叫作"外膛枪"，主要用于装甲兵和炮兵武器的训练，枪代炮比较适合直射武器，比如小口径高炮和坦克炮。

士兵使用"枪代炮"的模拟射击场是一个缩小比例的实战地域，部署有炮兵的战斗队形——炮阵地、观察所、目标区域。

目标区域设置了多种性质的目标。有固定目标，如地堡、火力点、支撑点、堑壕、弹药库、炮阵地等；有面积目标，如集结步兵、集结坦克等；还有运动目标，如单个运动坦克（装甲车）、集群运动坦克（装甲车）等。

"枪代炮"训练不仅可使用外膛枪，也可运用内膛枪。高炮部队从 20 世纪 70 年代开始就实施"枪代炮"训练，以步枪、机枪替代炮弹来实弹打靶，训练时都是枪代炮，在炮管上装一挺班用机枪，机枪的扳机与二炮手的击发脚蹬用钢丝连接起来，射击空靶即可，其他炮手操作如常。

士兵检查高射炮上的步枪

　　由于机枪与火炮的弹道差异太大，射击修正规律不同，瞄准镜表尺设置也不同，射程过远就无法起到模拟作用。再加上火炮身管上不能打孔钻眼，更不能电焊，机枪架在炮管上，只能使用夹具固定，在火炮射击的巨大震动下，夹具经常松脱，牢固性问题始终未能解决。所以，采用外膛枪的"枪代炮"训练，多是在火炮的直射距离内。

美军在 M40 后坐力炮上安装了外膛枪

外膛枪的另一个应用领域，是反坦克火炮的试射。二战以后的很多坦克炮和反坦克无后坐力炮，都安装有一支试射枪。在火炮开火之前，可以用试射枪发射一发子弹，这发子弹的弹道与火炮的弹道相仿，如果子弹命中了目标，那就可以立即发射火炮，精准命中目标。但随着激光测距机和火控的应用，这种试射枪已经消失。

狙击手经常用布条缠绕狙击步枪的原因是什么

大家有没有注意到狙击手所使用的狙击步枪时常会缠绕着不起眼的布条，从美观性角度来分析的话，它确实影响观瞻。但是从实用性方面来分析的话，它却具有非常大的用途。

使用 M24 狙击步枪的美军狙击手与侦查员

第一，正规作战时狙击枪缠布条可以防止金属件反光，同时可以掩盖枪支原有的外形，起到伪装作用，使之融入自然环境。第二，能防止因手部出汗而据枪不稳，部分影视剧中在狙击镜上缠布条是防止镜片反光暴露位置，其实缠布是因为防滑或防冻。在长期持枪的过程中，狙击手的手心会出汗，导致夏天打滑、冬天冻手。缠一块布可吸收手掌渗出的汗液，有利于长久持枪。第三，便于伪装，布条采用与隐蔽射击位置背景相近的颜色，可以避免因枪支本身的颜色与背景颜色不一致而暴露目标；同时避免枪支与周围硬物发生磕碰而产生声响；第四，枪支射击后枪管等金属温度会迅速升高，容易被敌红外和热成像观察设备发现。使用布条包裹枪身，特别是枪管等金属部件，可以降低枪身的红外特征。

当然，狙击枪缠布条也会带来不可避免的负面影响。第一，无论使用布条还是专用的伪装网，沾土后都不容易清除，容易对枪身表面产生磨损，特别是在枪匣抛壳窗的部位，容易使沾上的尘土杂物通过抛壳窗进入机匣。第二，布条的吸水性远大于枪身的金属部件和涂漆的木制部件，而狙击手的射击位置又大多选择在植被茂密的地方，在这样比较潮湿的环境下，枪身在缠布吸水后，容易加速枪身金属部件的锈蚀。因此，狙击手每次执行任务后，都要对枪身缠布进行清洁或者更换，并对枪支进行擦拭保养。而像我们观看的电影中那样在枪身缠上布后便再也不动的现象现实中根本不存在。

巴雷特 MRAD 狙击步枪

西班牙海军士兵在护卫舰上试射 M95 狙击步枪

俄罗斯 SV-98 狙击步枪

反器材步枪能否用于反人员作战

反器材步枪是一种专门破坏军用器材及物资的狙击步枪，破坏效果强于普通狙击步枪。反器材步枪普遍采用大口径、高破坏力的特种子弹，如穿甲弹、爆裂弹、高爆子弹、远程狙击弹等，这些子弹的外形与普通狙击步枪的子弹相似，但是口径大得多。

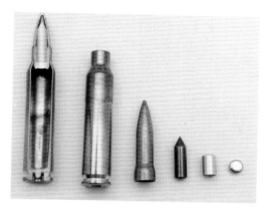

穿甲弹

　　现代陆战战场上，轻型步兵战车以及各种类型的通信、指挥、运输、雷达、后勤保障车辆等轻型装甲目标日益增多。传统的步兵轻武器在远距离上对付这些目标时，存在着步枪、轻机枪射程近、威力小，中、小口径狙击步枪威力弱、杀伤效果差，单兵反坦克火箭发射痕迹大、有效射程不足、精度差，重机枪质量大、后坐力大，自动榴弹发射器破甲威力有限等问题；而便携式反坦克导弹等高技术武器则造价过高，无法大量装备。相比之下，反器材步枪具有射程远、威力大、精度高等显著优点，因此成为单兵一种打击轻型装甲目标及车辆的有效武器。

早在一战期间，反器材武器就已经诞生，主要用于射击敌方坦克．

反器材步枪在西方许多国家的特种作战武器中占据着非常重要的地位。究其原因，一是反器材步枪具有很强的反狙击能力。利用狙击手段进行暗杀、破坏活动是非法武装惯用的伎俩。例如在第一次车臣战争中，车臣非法武装的狙击活动曾使俄军第 131 旅在短短 4 天时间里，损失坦克 20 辆、装甲车 102 辆，伤亡 800 余人。怎样才能更有效地对付非法武装的狙击活动呢？当然是反狙击。而最佳的反狙击武器就是比非法武装所用的狙击步枪射程更远、威力更大、精度更高的反器材步枪，用它可以有效对付非法武装的狙击活动。

巴雷特 M82 是反器材武器中的佼佼者

二是反器材步枪能够捕捉稍纵即逝的目标。面对现代战场上瞬息万变的作战环境，狙击武器必须具备对敌方人员"一枪致命"、对敌方目标"一枪致毁"的能力，否则就会贻误战机，导致行动失败。反器材步枪的威力、精度、射程都符合这一要求。

反器材步枪的主要攻击对象是敌方的装甲车、飞机、工事掩体、船只等有一定防护能力的高价值目标，也可以用来在远距离上杀伤敌方作战人员，能轻松打穿防弹玻璃或防弹背心等防护设备。有不少国家的军队以反器材步枪作为反人员作战的首选装备，由于火力强大，其弹药击中人体后多数会导致被击中者肢体分离，而这种行为不仅有违人道主义精神，也存在"大材小用"的问题。所以，反器材步枪虽然可以用于反人员作战，但往往只是权宜之计，并非它的主要任务。

美军在反恐战场大量使用反器材武器

枪械在瞄准过程中怎么消除过强的光线对瞄准的影响

　　枪械在瞄准过程中，光线一直是一个十分重要的因素，毕竟瞄准就是通过光线来瞄准的。当光线过强时也会对瞄准产生不利影响。

　　对于机械瞄具来说，强光容易让瞄具产生虚光。但是因为枪械瞄具一般都进行了表面处理，只有在磨损之后，瞄具才可能在阳光下反光，从而形成虚像。很多枪械的前准星都有护翼，比如M16步枪，所以一般不会因受到摩擦而发亮。现代步枪上常用的觇孔式瞄具（M16步枪就采用了这种照门）因为其封闭的特性，受阳光的影响也比较小，更不容易受虚光影响。

　　在射击时，如果对准的是虚光部分瞄准，那么弹着点就会偏高，射距偏远；如果对准黑实部分瞄准，那么弹着点就会偏低，射距偏近。如果阳光从侧面照过来，用虚光部分瞄准弹着点会向阳光方向偏，反之则会向与阳光相反的方向偏。

带有防眩光瞄准仪的 M16 步枪

使用 M16 进行瞄准射击

消除虚光的影响主要有两种方法：一是通过不断的视力回收，改变瞳孔对光的敏感度，从而消除准星上方的"虚光"；二是人为改变瞄准基线上方光线的强度，例如用人体遮挡太阳光直射的方向，给射手形成一个阴影区域。

　　此外，光学瞄准的精度和距离都更高，使用也更方便。强光照进瞄准镜对人眼的刺激更强，容易使人观察射击目标模糊，甚至看不清目标。为了避免强光进入瞄准镜，通常可在物镜前加装"遮阳筒"。狙击枪的瞄准镜上方都配有"遮阳筒"，这也是狙击枪瞄准镜看起来很长的原因。

M16 是美军使用频率相当高的制式武器

马克沁机枪被称为人类灾难的原因是什么

　　在马克沁机枪出现以前，人们使用的枪都是非自动枪，子弹需要装一颗发射一颗。战斗的胜利在很大程度上取决于装弹速度的快慢，很多人还没有来得及填上第二发子弹就莫名其妙地被击毙了。而马克沁机枪在发射瞬间，枪机和枪管扣合在一起，利用火药气体能量作为动力，通过一套机关打开弹膛，枪机继续后坐将空弹壳退出并抛至枪外，然后带动供弹机构压缩复进簧，在弹簧力的作用下，枪机推弹到位，再次击发。这样一旦开始射击，机枪就可以一直射击下去，直到子弹带上的子弹打完为止，所以能够省下很多装弹时间。

1882 年，美国工程师海勒姆·史蒂文斯·马克沁赴英国考察时，发现士兵射击时常因老式步枪的后坐力，肩膀被撞得青一块紫一块。这说明枪的后坐力具有相当大的能量，这种能量来自枪弹发射时产生的火药气体。马克沁正是从人们习以为常、熟视无睹的后坐现象中，为武器的自动连续射击找到了理想的动力。马克沁首先在一支老式的温切斯特步枪上进行改装试验，利用射击时子弹喷发的火药气体使枪完成开锁、退壳、送弹、重新闭锁等一系列动作，从而实现了单管枪的自动连续射击，并减轻了枪的后坐力。马克沁在 1883 年成功地研制出世界上第一支自动步枪。后来，他根据从步枪上得来的经验，进一步发展和完善了他的枪管短后坐自动射击原理。他还改变了传统的供弹方式，制作了一条长达 6 米的帆布弹链，为机枪连续供弹。为让连续高速射击而发热的枪管降温冷却，马克沁还采用水冷方式冷却发热的枪准。马克沁在 1884 年造出世界上第一支能够自动连续射击的机枪，射速达每分钟 600发以上。

海勒姆·史蒂文斯·马克沁和他的马克沁机枪

马克沁机枪的首次实战应用是在罗得西亚的第一次马塔贝勒战争中，50 名英军士兵操作 4 挺马克沁机枪击退了 5000 名祖鲁人的几十次冲锋，打死了 3000 多名祖鲁人。

马克沁机枪获得成功后，许多国家纷纷开始仿制，一些发明家和设计师还对马克沁机枪的原理和结构加以改进和完善。1892 年，美国著名枪械设计师约翰·勃朗宁和奥地利设计师阿道夫·冯·奥德科莱克几乎同时发明了最早利用火药燃气能量的导气式自动原理的机枪,这种自动原理为今天的大多数机枪所采用。

　　真正让马克沁机枪大出风头还是一战,当时德军装备了 MG08 马克沁机枪,在索姆河战役中,当英法联军攻向德军阵地时,被德军数百挺机枪扫射,英法联军在一天中死了近 6 万人,举世震惊。从那以后,各国军队相继开始装备马克沁机枪,马克沁机枪由此成为闻名的杀人利器。

　　在二战中,马克沁机枪早已不算先进,但仍然还有应用。德军一线部队由于步坦协同的需要开发出了 MG34 通用机枪和 MG42 通用机枪,但 MG08 马克沁机枪仍然在德军二线部队中服役。

苏联制造的马克沁机枪

>>>> 机枪的枪管过热时能通过什么方式快速降温

　　在具备全自动射击功能的连发枪械中,枪管过热一直是一个非常恼人的问题。首先枪管发热的直接原因是枪管发热的大部分热源来自火药燃气的冲刷,小部分热源来自弹头与枪管内壁的挤压摩擦。从本质上看,在枪弹火药燃气的能量利用比率中,弹丸在飞出枪口时能够获得其中 45%。其余除了燃气(还带有很高热量)自身喷发流散、通过各种方式驱动枪械抽出抛飞弹壳并推动下一发子弹上膛等步骤要消耗一部分以外,几乎全部能量都被枪管吸收。而对于每分钟射速达到 600 发(绝大多数步机枪不低于这个值）或者更高的自动武器来说，持续发射数百发、上千发子弹需要的时间相当少，即使算上更换弹匣、弹链的时间，枪械的散热速度也远远跟不上升温速度。这种情况演变到最后，不仅会导致枪管严重膨胀变形，枪弹与枪管膛线的嵌入和气密效果变差，造成子弹的精度和射程严重下降，而且还会导致子弹上膛以后，枪弹受枪膛高温加热引起自燃击发，造成走火事故和枪械故障。自动步枪和机枪的关键设计差异之一，就是绝大多数步枪其实只打单发和短连发，因此步枪不需要过多地考虑散热能力，而是追求做得更轻巧、打得更精准。以古老的马克沁机枪为例，它采用的就是水冷式结构，只要裹着枪管的水箱（Water Jacket，直译水护套）不被烧干，枪管温度就不会超过 100℃太多。水冷的效果毋庸置疑，但是它太笨重，而且很多时候根本不好找水——现在回头看当时的战场回忆录，机枪手用尿来代替水是很普遍的现象，但缺水到了那种程度，尿也不会有多少了。为了强化战场适应性，机枪也开始采用风冷设计；枪管在外面装置了大量的鳍片——这和计算机 CPU 散热器的原理相同，即增大枪管质量，使之能容纳更多热量、减缓升温速度的同时将自身接触外界空气的表面积加大数十倍乃至于上百倍，极大地加快了降温速度。

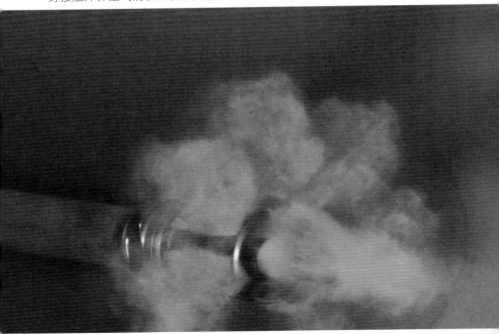

子弹在飞离装有消焰器的枪口瞬间时的气体释放

　　鳍片风冷设计技术解决了水的问题，但没有解决重的问题。因此，后来又研发了一些更有效率的散热装置，其散热方式如引射冷却——利用枪口的火药高速气流，抽动外界空气从后方流经枪管表面，以及快速更换枪管——打得太热了就先换一根冷的，等新的打热了再把那根已经冷却的换上，如此反复。

　　除了在枪管上做文章以外，机枪和步枪的内部结构往往也差异很大。比如自动枪械可以使用闭膛待击和开膛待击两种形式，闭膛待击是指枪械先把子弹推进枪膛，然后等到射手需要射击时，直接释放 / 敲打击针就能打响子弹。这种方式的优点是子弹在枪膛内的位置稳定性好、击发瞬间枪械部件运动冲击小，因此精度很好，其缺点是闭膛待击堵死了枪管，不利于空气流动散热，而且在枪管高温的情况下，子弹停留在枪膛中也会显著增加走火和事故的概率。因此强调连发性能的武器，包括机枪和大多数冲锋枪，往往会选择开膛待击而牺牲射击精度；它们只在射手扣动扳机以后，枪机才会向前运动，推动子弹上膛并随即击发。

　　为了能兼顾散热能力和精度，国外一些新型机枪已经实现了结构上的创新，在全自动射击时将自动射击转换为开膛待击模式；而在半自动射击时，自动采用闭膛待击模式。不过这些枪械目前并没有得到大规模的实战检验，其可靠性有待验证。

发射中的机枪

勃朗宁 M2 重机枪

勃朗宁 M2 重机枪及弹链

▶▶▶ 现代坦克仍然配备高射机枪的原因是什么

　　如果我们对比现代坦克的外形，就会发现一个显著的特点，那就是大部分坦克的炮塔顶部都有一挺硕大的高射机枪。那么，为什么坦克顶部一定要装一挺高射机枪呢？如今的喷气式战机的攻击力、防护力和机动力都已经十分强大，小小的一挺机枪似乎无法对其构成威胁。然而，无论是体形巨大的美制坦克还是外形低矮的俄制坦克都选择继续配备高射机枪。

　　事实上，这样的习惯始于二战。我们观察二战的战场照片就会发现，英美军队的"谢尔曼"坦克一般都会加装一挺 M2 高射机枪，苏联坦克到了后期也开始加装一挺 DShK 高射机枪。当时自行高炮尚未普及，机械化兵团的野战防空能力不强，所以坦克顶上的高射机枪在遭遇空袭时可以应急。此外，高射机枪的确可以对当时还不算先进的战机构成低空威胁。

配备了高射机枪的美国 M1 主战坦克

　　大口径高射机枪不仅可以打击空中目标，而且可以平射打击地面的轻装甲和步兵目标，其巨大的威力也颇具威慑力。但到了 20 世纪 50 年代，苏联认为坦克上的高射机枪已经没有存在的必要，所以开始取消高射机枪。苏联认为，面对新型喷气式战机，手动操纵的高射机枪无论是反应能力还是威力都已经过时，而在核战环境下，外部挂载的武器将受到辐射污染，乘员也不可能从密闭的三防舱内出舱操纵。防空和对地面轻装甲目标的压制任务完全可以交给已经普及的自行高炮负责。

　　到了 20 世纪 60 年代，被认为已经过时的高射机枪又开始"复活"。原因很简单，一方面当时中东战争和越南战争的经验表明，高射机枪虽然难以打击高速攻击机，但却可以对刚刚兴起的直升机构成巨大威胁。另一方面，其平射地面目标的威力实在让人无法找到其他替代品。坦克上装备这样的大威力连发武器，可使其适应更多的战场环境。此外，坦克炮的仰角有限，无法打击一些位置较高的目标，而高射机枪在这样的情况下可以应急。

　　在中东战争和越南战争中，一些缺乏高射机枪的坦克不够灵活，在直升机、攻击机和轻步兵的打击下遭受了巨大损失。在这样的情况下，坦克兵开始一边给自己的坦克临时增加机枪，一边要求坦克工厂恢复制式的高射装备。

配备了高射机枪的俄罗斯 T-90 主战坦克

　　由于乘员出舱操纵高射机枪可能会面临危险，所以许多国家最初的解决办法是加装防护钢板，后来又加装了遥控设备。如今许多新式坦克都配备有大口径机枪、机炮和其他武器的无人武器站。

　　高射机枪的威力极大。以俄制坦克上的 DShK 高射机枪为例，其射速能达到每分钟 500 发，因为子弹威力巨大，可以轻松打穿简易堡垒和轻装甲车辆。在 20 世纪 90 年代的高加索冲突中，俄军坦克上的高射机枪直接把对手的装甲车打成了马蜂窝，还广泛射击高楼上的目标。这种机枪在历次局部战争中还被用于平射地面目标，步兵只要挨上一枪，基本难以幸存。

＞＞＞＞ 霰弹枪在现代反恐战争中有何作用

　　霰弹枪是一种古老的枪械，最初主要用于狩猎水鸟，所以被称为猎枪。虽然出现时间较早，但是霰弹枪在战争中的出色表现还是在两次世界大战中。尤其是一战，堑壕战使步兵们需要一种火力强大、反应迅速的枪械，因此霰弹枪、冲锋枪等武器纷纷面世。

　　二战后，随着突击步枪、轻机枪、冲锋枪等自动武器的发展，霰弹枪已经不再适合现代战争了，但它在反恐、镇暴等领域依旧有着极大的市场。各国警察纷纷将霰弹枪列为制式装备之一，它的大口径可以用来发射各种非致命性弹药，包括鸟弹、木棍弹、豆袋弹、催泪弹等，并能产生极大的枪口动能，也可发射低初速、大口径的高能量实心弹头，还可用来破坏整道门、窗、木板或较薄的墙壁，使警员可以快速攻入匪徒巢穴或者劫持人质场所，因此霰弹枪也成为特警部队甚至军方特种部队重要的破门工具。

美国海军特种部队使用霰弹枪练习射击

　　20世纪60年代，因为开发了易于退壳和重装的塑料和纸制霰弹壳，一些霰弹枪改用类似半自动步枪及左轮手枪的供弹方式，部分型号甚至在具有连射能力的同时仍保持泵动机构以适应不同弹药，还有些使用无托结构，或者有可折叠或伸缩的枪托。到20世纪80年代，更是推出了外形与突击步枪相似、采用可拆式弹匣的全自动霰弹枪。其后，有新式的弹药如集束箭形弹和钨合金弹丸问世，这些新式弹药大大提高了霰弹枪的精度和贯穿能力。

　　目前，霰弹枪主要供反恐部队在下述情况下使用。

　　（1）近距离战斗。由于霰弹枪的射程在100米左右，因而减少了因跳弹或贯穿前一目标后伤及后面目标的概率。所以霰弹枪特别适用于丛林战、山地战、巷战等战斗，以及用于保护机场、海港等重要基地和特殊设施。

手持霰弹枪的乌克兰特警

（2）突发战斗。由于霰弹枪具有在近距离上火力猛、反应迅速，以及面杀伤的能力，故在夜战、遭遇战及伏击、反伏击等战斗中能大显身手。

（3）防暴行动。发射催泪弹、染色弹、豆袋弹、橡胶弹的霰弹枪可以用来驱散聚众闹事的人群，抓捕犯罪分子。

（4）需要保全目标性命的战斗。由于霰弹枪的多弹丸子弹会将冲击力分散到每一个弹丸上，而球形弹丸的穿透力和持续飞行能力较弱，在相对远的距离击中目标时弹丸往往无法造成足够致命的穿透伤害，却能有效地令目标丧失行动能力。当然，霰弹枪在近距离作战中具有高效的致命性。

影视剧中特警队员使用霰弹枪破门是否符合现实

我们经常会在影视剧中看到这样的镜头：特警队员使用霰弹枪打坏门锁，然后迅速破门而入，一举消灭藏身在房间内的匪徒。但在现实生活中，特警队员真的会使用霰弹枪来破门吗？

事实上，霰弹枪的确可以用来破门，但必须使用特制的破门弹。因为普通门锁的强度已经高到手枪弹打不穿，而步枪弹虽然可以打穿，但是不一定能将门锁打断。至于霰弹枪，如果使用常规霰弹，不仅无法有效打断门锁，还有可能发生跳弹的危险，所以必须使用破门弹。

手持霰弹枪的加拿大警察

破门弹是专为炸开门锁或铰链而设计的，主要在城区作战、高危险搜捕以及人质营救行动中要求快速突入室内的情况下使用。欧美国家使用的"万能钥匙"弹药就是目前使用较为广泛的破门弹之一。该弹的塑料壳体内排列有细小的金属射弹，可以有效破除铰链或门锁，如果使用正确，则既能够破门也不会发生弹回碎片的危险。

"万能钥匙"弹药的枪口初速为 475 米 / 秒。为了获得摧毁门锁的最佳效果，应以 90°的射角射击；要摧毁铰链，则最好以 30°的仰角或俯角射击。两种情况下的最佳射击距离都是 7 厘米。过去使用霰弹枪发射某些破门弹时，必须配置一个特殊的支架装置，但发射"万能钥匙"弹药则无此必要。此外，使用"万能钥匙"弹药或者其他破门弹的射手应该戴上护目镜，以保护眼睛不被弹药破碎时产生的细微尘粒所伤害。

除了"万能钥匙"弹药，其他破门弹还有英国席勒公司生产的、在全世界反恐部队中得到广泛应用的"哈顿"弹药，该弹采用蜡铅合成弹丸，重 45 克，合成后就会成为一个完整的圆柱体。

使用霰弹枪的美军士兵

>>> 巷战中如何选择有利的射击位置

在巷战中，无论进攻、防御还是撤退，成功与否都取决于士兵能否精确射击敌人，并尽量隐蔽自己，免受敌人攻击。这就要求士兵能迅速寻找并正确利用射击位置。一般来说，巷战中的射击位置可分为两种，一种是仓促射击位置，另一种是预设阵地。

仓促射击位置通常应用于进攻作战或防御的早期，可以是士兵主动修建，也可以是在敌人的打击下被迫修建，修建前都缺乏必要的准备。巷战中，常见的射击位置有建筑拐角、断墙、窗户、孔洞、房顶等。

（1）建筑拐角。士兵必须能熟练地用两侧肩膀射击，以有效地利用拐角，常见的错误就是用错肩膀，导致自己身体的暴露面积过大。另一个常犯错误是站姿射击，士兵会暴露在敌人预期的位置上，较高的身影会成为敌人很好的靶子。

（2）断墙。士兵在断墙后射击时，必须围绕墙体，不能超出。

（3）窗户。窗户提供了一个很好的射击位置，士兵要注意不要采用站姿射击，那样会把自己暴露在敌人回击火力之下，而且自己的身影在深色背景前也很醒目，枪口火光在夜间更是明显的目标。士兵应该离窗口稍远一些，防止敌人看到火光，要采用跪姿或其他姿势射击，防止自己的形象过于突出。

（4）孔洞。士兵可以在墙上开洞用于射击，此时要注意自己的位置，并确保枪口焰不超出洞口，不会被外面看到。

（5）房顶。房顶为士兵提供了很好的射击位置，有着很好的视界和射界。房顶上任何突出物如烟囱、烟窗等都可以作为隐蔽物来使用。

在城区作战的美军士兵

美军士兵参加巷战训练

>>> **拐弯枪在巷战中有何优势**

拐弯枪是一种绕过拐角观察和射击目标的高科技武器系统，由于作战人员身体的任何部分都无须暴露在外面，从而起到了保护作战人员人身安全的作用。

拐弯射击武器的应用开始于一战时期。在一战的西线战场，堑壕战逐渐成为主要的战争形式。士兵利用战壕和掩体进行隐蔽。然而，在隐蔽自己的同时，也遮挡了自己的视线。为了使瞄准射击时士兵的脑袋不暴露在敌人的火力之下，在战壕潜望镜的启发下，英国人发明了最原始的战壕潜射步枪。真正意义上的拐弯枪最早诞生于德国。一战后期，德国研制了一种带有弯度的管套，这种管套可以套在步枪的枪口上使用，套管与枪管用木柄固定。

在街巷中使用拐弯枪的特警队员

2003年12月，以色列墙角射击公司推出了现代化的拐弯枪，其设计者为以色列国防军陆军中校阿莫斯·戈兰。该枪接受了以色列军方的检测，并被英国陆军特种空勤团率先采用。之后，拐弯枪陆续被其他国家的特种部队和执法机构采用。

以色列研制的拐弯枪由两部分组成，前半部分包括一把手枪和一个彩色摄像头，后半部分包括枪托、扳机和监视器。两个部分通过一个设计巧妙的折页装置连接，因此前半部分既能向左转，也可以向右转。枪手用一面墙挡住自己身体，把枪伸出去，就能通过监视器清楚地看到拐角另一侧的情况。枪托部分的扳机可连接手枪的扳机，保证正常射击。

　　枪管上的彩色摄像头拆装十分方便，用户还可以选择不同的镜头；监视器有十字瞄准指示，便于枪手精确瞄准。此外它还有军用光源、红外线激光指示器、消音器、灭焰器等多种配置。全枪采用防尘防水设计技术，坚固耐用。枪的前半部能够与世界上的大多数自动手枪装配使用。除了能够在墙角处射击以外，拐弯枪还适合在门、窗、机舱门等最容易发生枪战的地方使用。

　　拐弯枪设计合理，其操作比较简单，一般射手稍加训练便能掌握拐弯射击要领，熟练射手 1 秒内就能连续完成拐弯、瞄准、射击动作，并命中 10 米外的目标。该枪射击部分使用手枪，既能减小后坐力保证精度，又能满足城市作战近距离射击的战术要求。手枪的有效射程通常是 50 米，而城市特种作战射击距离大都在 20 米以内，室内射击距离有时只有几米，而这正是手枪快速精确射击的距离。由于拐弯枪可用枪托抵肩射击，前架拐弯后有后坐抑制器缓冲，实弹射击的命中精度较高。

　　拐弯枪可使作战人员不用暴露在敌方火力之下，并显著增强其收集信息和传送作战信息的能力，在敌人的瞄准线外定位并攻击目标。而且拐弯枪可向四周转动枪口，快速移动到射击位置，手不需要离开武器，从而可以缩短反应时间，提高突然交战时的射击精度。

　　继以色列之后，其他一些国家也纷纷开始研制拐弯射击武器。例如，美国研制的"蝎子"拐弯枪，它可以通过伸缩杆使枪在 3 米高的空中平行或向下射击，也可以通过摄像头帮助士兵侦察敌情，为作战行动提供可靠的实时情报。

手持拐弯枪的海军特种兵

▶▶▶ 枪管炸膛的原因是什么

炸膛是一种十分严重的枪械发射事故，主要原因是枪支没有正常闭锁或枪支制造时的质量问题以及使用劣质弹药。

炸膛主要损坏的是枪管和枪机，有时甚至会危及射手的生命安全。所以，要避免炸膛，一定要采用合格的枪支和弹药，并经常进行保养，防止零件锈蚀失灵。

一支正常维护的枪支使用高质量的弹药，炸膛概率非常小。很多人发射了几十万发甚至百万发子弹都没有经历过一次炸膛。报告过炸膛的人其绝对数量也非常少。

枪械炸膛有几种可能：枪管被堵；闭锁没有完成；装药过多。枪管完全被堵的可能性不高，除非是只装底火没装药或装药极少的子弹弹头会嵌在枪管内。闭锁没有完成，弹壳底部没有支撑，在高压下（特别是步枪子弹和现代高压手枪子弹）会首先开裂。20世纪初的半自动/自动枪支就有闭锁安全装置，在闭锁没有完成时，扳机与阻铁断开不能击发。装药过多更容易发生在装弹的人自己身上，因一时的疏忽装进了双份火药。很多工厂生产的弹药装药量需经过自动检查（质量，弹壳内装药高度），装药过多的可能性极小。现代枪支的设计安全冗余空间还是比较大的。枪管和枪栓可以承受能力比标准压力大很多。而且现代金属处理工艺技术的提高使受损部件炸飞的可能性也大为减少。炸膛时高压气体冲破枪管和枪栓限制后会损坏其他非承压部件，首先损坏的就是弹闸，弹闸飞出来的概率很高。如果是手枪的话，握柄也有可能受损，持枪者手会受伤但不太可能炸飞。手枪射击时脸部远离枪栓，只要套筒不被炸飞，炸膛直接的危害就是在手上。步枪本来子弹压力就高很多，射手头部离枪栓也很近，特别是直托弹闸枪机后置类的枪支，枪栓就在下巴附近，一旦炸膛还是很危险的。

炸膛后的枪管

总而言之，无论是枪械炸膛还是炮炸膛都非常危险。为了避免这种事故的发生，应定期对武器进行维护和保养。如武器超过使用寿命或期限，必须将武器立即送到回收部门进行回收。

枪械炸膛瞬间

现代战争中士兵需要携带多少子弹

对于普通步兵来说，执行一般任务的时候，主武器的弹匣携带 5 ～ 6 个就足够了，每个弹匣容量为 30 发。所以，在正常情况下，单兵携带的主武器子弹数量为 150 ～ 180 发。至于手枪这样的副武器，一般会携带 3 ～ 4 个弹匣。以美军最新的 M17 模块化手枪为例，弹匣容量为 17 发（也有 21 发的弹匣），则副武器子弹数量为 51 ～ 68 发。

事实上，士兵携带的具体子弹数量要根据任务情况来决定，并不是越多越好。除了携带子弹之外，手榴弹、个人急救包、战术手套等单兵装备也必须携带。如果士兵是负责提供火力支援的榴弹投掷手，那么他还需要携带 10 ～ 20 发榴弹，最多的时候要携带 30 ～ 40 发。因为是火力支援者，所以他携带的子弹数量可以相对减少一点，主弹匣数量可以减至 2 个。这是因为士兵携带枪射榴弹有着严格的安全规定，必须使用专门设计的背心携带。否则，很容易发生意外事故。

M17 模块化手枪

　　如果士兵是一名机枪手，例如装备 M249 轻机枪、M240 通用机枪的美军机枪手，他们会直接携带一个 200 发弹容量的弹药箱。仅仅是这个弹药箱的质量，就要比四五个普通的弹匣更重。当然，这些弹药箱有时会使用汽车运输。此外，机枪手的副手同样也会携带 2 个左右的备用弹匣，以备不时之需。如果机枪手没有子弹了，也可以让其他步兵提供弹匣。

M240 通用机枪及其弹药箱

　　至于狙击手或者精确射手这样的特殊兵种，主要是执行隐蔽、精确打击或者精确火力支援任务，很少会跟敌人直接交手，正常情况下一次性需要击杀的目标也不会很多，所以一名狙击手通常会携带 5 ～ 15 发狙击步枪弹。作为狙击手的副手，观察手也会携带一名步兵的正常配置弹药数量，即 5 ～ 6 个主武器弹匣、3 ～ 4 个副武器弹匣，同时会携带手榴弹、个人急救包等物品。

　　总而言之，一名士兵的负重量是有限度的，子弹的携带数量要根据具体情况来决定，执行的任务不同，所需的装备种类和数量也不同。但是，一名普通步兵只要携带 200 发左右的步枪弹，就可以满足作战的需要了，哪怕战况激烈也一样，因为战场形势越严峻，士兵伤亡的概率也越大，很多时候等不到子弹耗尽就得撤离战场。

▶▶▶ 现代军队为何仍要回收弹壳

　　子弹打完回收弹壳，在很多人看来只有在二战中才会出现。这主要是因为受限于当时的工业水平以及经济水平，利用回收弹壳制作复装弹，可以迅速得到大量低成本的子弹补充。虽然复装弹的性能不如原装弹，但以当时的条件来说，这也是无奈之举。事实上，即便进入现代，各国军队依然会回收弹壳。因为回收弹壳是一项非常有益的工作，即便是财大气粗的美国，条件允许的情况下也会尽量回收弹壳。

回收的弹壳

　　首先，现代大多数子弹的弹壳都是由黄铜或者钢铁制造的。以美军为例，其每年在海外行动以及日常训练中所消耗的子弹数以亿计。虽然单颗子弹所消耗的黄铜或者钢铁资源不多，但是数以亿计的子弹加起来其数量就很可观了。如果弹壳能够进行回收再利用，无疑会大幅降低子弹的生产成本。

其次，回收弹壳可以防止有人私藏子弹。各国军队在进行射击训练时都会严格清点发放给士兵的子弹数量以及回收弹壳的数量。如果士兵交回的弹壳不够，就会面临处罚。这样做的目的就是防患于未然，毕竟士兵私藏子弹和军队子弹外流都会埋下不小的安全隐患。

以上是和平时期回收弹壳的意义。其实在战时，许多情况下也要做到弹壳回收。每个国家的不同部队所装备的步枪都不一样，例如美国普通部队大部分士兵装备的都是M4卡宾枪、M16突击步枪，而特种部队装备的武器更加精良，也更加复杂，像M14精确射手步枪这种成本较高的枪械就比普通部队装备的更多。而不一样的枪械，其所发射的子弹口径、型号等都是不一样的。在战争期间，完全可以根据敌人所留下的弹壳推断出敌人的数量、规模以及部队类型等信息。这些信息在战争期间都是敌我双方严格保密的信息。如果这些信息暴露，敌方完全可以推断和猜测出己方的部队调动以及战略意图，从而在战斗中取得优势。因此，许多国家都会制定鼓励士兵回收并上交弹壳的政策。

正在进行射击训练的美国陆军士兵

现代战争还需要拼刺刀吗

在现代战争中，各种高科技单兵装备层出不穷，刺刀这种古老的武器就显得有点格格不入了。二战以后，世界上几乎没有发生过大规模的白刃战。那么，现代军队还需要学习拼刺刀吗？

事实上，在伊拉克和阿富汗战争中，刺刀仍然发挥了一定的作用。在 2004 年的一次战斗中，有 20 名英军士兵试图消灭躲在战壕后面的反政府武装。来自英军战车的火力没起到太大作用，弹药已经不多了，所以指挥官命令士兵下车拼刺刀。最终，敌人在战斗中死亡了 35 人，其中大部分死于刺刀，而英军付出的代价是 3 人受伤。显然，刺刀并不会完全退出现代战争，它象征着士兵的意志和勇气。

虽然在现代战争中已经看不到两次世界大战时期的大规模白刃战，但是刺杀技术在实战中并非无用武之地，例如弹药耗尽或遇到枪械故障时，挺起刺刀，利用有限的空间发挥最大的威力，有效击退敌人，为自己争取胜机，仍不失为一种有效的实战战术。而在训练中保留刺杀技术训练，更多的是一种战斗精神和勇气的培养。

美国海军陆战队士兵练习刺杀技术

在刺杀技术方面具有代表性的国家有美国、英国、日本、韩国等。在 20 世纪 60 年代之前，美式突刺分为长刺和短刺。长刺是先通过屈膝做好预备姿势，然后再一次屈膝并顶脚，将全身力量爆发出来，以刺刀瞄准敌人喉咙或要害部位后往上顶出。短刺则是角度较为水平的刺杀瞄准。美军刺杀技术多强调枪托击打的动作，美军认为双方近战搏斗时，突刺是派不上用场的，因此劈砍和托击就成为合适的做法，劈砍有时因为枪身太长，刃面对敌人造成的伤害并不大，更加快速地托击便是最佳手段。20世纪60年代，美军换装M16突击步枪，放弃了以全身动作来换取突刺距离的做法，改为直接用手臂力量将刺刀突刺出去，同时不再硬性规定手持枪托根部突刺，而是直接持小握把突刺，目的是方便士兵在不用变换握持位置的情况下迅速进入肉搏状态。

英国军队目前装备SA80突击步枪，这种犊牛式步枪缺乏突刺优势，但也能使用刺杀技术。在重视刺刀战的英国军队中，刺杀技术仍是重要训练科目。由于犊牛式步枪的枪身长度不如传统步枪，并且难以利用杠杆方式采取垂直或水平托击动作，因此英军除了保留原有的握把据枪动作之外，也有手扶枪托底部的握法，目的是加长突刺距离以及力道。

正在练习刺杀技术的英军士兵

日本刺杀技术称为铳剑术，其武术气息较浓，不主张用枪身去硬挡劈砍，而是用枪头将对方武器拨开后，再行突刺。同时，在面对扭打混战时，铳剑术也没有比较明确的对策，其套路里没有考虑扭打的动作，就连枪托捶砸的招式也没有，仅片面强调了近身肉搏的重要性。所以，日本士兵在与对手陷入扭打状态时，总是力求尽快拉开距离，再使用刺刀拼杀。在突刺时，铳剑术强调"气、刀、体合一"，从体育科学角度看，就是所谓结合吐气、快速肌肉释放的爆发力。日式突刺尽管限制了刺枪的攻击距离，但比较容易进行下一次攻击，从而减少了士兵暴露在危险环境中的时间。

　　韩国刺杀技术独树一帜，其以日本铳剑术为基础，融合美式刺杀技术，强调"气、刀、体一致"。训练上，韩军一开始让士兵对空练习，然后穿着日式护具，手持覆胶木枪练习对刺，目的是培养士兵的距离感及面对敌人时的感觉。

参考文献

[1] 王洋. 一本书看懂枪械百年史 [M]. 北京：机械工业出版社，2019.

[2] 军情视点. 全球枪械图鉴大全 [M]. 北京：化学工业出版社，2016.

[3] 深度军事. 现代枪械大百科（图鉴版）[M]. 北京：清华大学出版社，2015.

[4] 瀚鼎文化工作室. 百科图解——枪械知识 [M]. 北京：航空工业出版社，2014.

[5] 床井雅美. 现代军用枪械百科图典（修订版）[M]. 北京：人民邮电出版社，2012.